创业金融

MAKING SENSE OF ACCOUNTING & FINANCE

[美]潘卡基·马斯卡拉(PANKAJ MASKARA)
魏一(WEI YI) / 著

陈桓亘 / 译

西南财经大学出版社

中国 · 成都

图书在版编目(CIP)数据

创业金融/(美)潘卡基·马斯卡拉,魏一著;陈桓亘译.—成都:西南财经大学出版社,2020.8(2025.10重印)
ISBN 978-7-5504-4367-9

Ⅰ.①创…　Ⅱ.①潘…②魏…③陈…　Ⅲ.①企业—投资—基本知识②企业融资—基本知识　Ⅳ.①F275.1

中国版本图书馆CIP数据核字(2020)第028123号

创业金融

Chuangye Jinrong

[美]潘卡基·马斯卡拉(PANKAJ MASKARA)　魏一(WEI YI)　著
陈桓亘　译

总 策 划:李玉斗
策划编辑:王正好
责任编辑:周晓琬
封面设计:摘星辰·Diou
责任印制:朱曼丽

出版发行	西南财经大学出版社(四川省成都市光华村街55号)
网　　址	http://www.bookcj.com
电子邮件	bookcj@swufe.edu.cn
邮政编码	610074
电　　话	028-87353785
照　　排	四川胜翔数码印务设计有限公司
印　　刷	三河市双峰印刷装订有限公司
成品尺寸	165mm×230mm
印　　张	12.75
字　　数	179千字
版　　次	2020年8月第1版
印　　次	2025年10月第4次印刷
书　　号	ISBN 978-7-5504-4367-9
定　　价	49.80元

译者序

事实上，因为《为创业而生》一书，马斯卡拉教授在中国拥有很高的人气。而我在美国攻读创业学博士期间，便与马斯卡拉教授结下了深厚的友谊。一方面，在金融学的研究领域，马斯卡拉教授成果累累，一直活跃在金融学的学术前沿；另一方面，在创业领域，他不仅仅是理论建构者，还是一位创业实干家（美国虚拟加速器领军者 Educators Park 创始人兼 CEO），拥有连续创业者、天使投资人等身份。所以，当马斯卡拉教授告诉我，准备把他在商学院多年的金融教学心得和自己的创业经验融合在一本书里面的时候，我便和很多人一样，一直在期待着。这一次非常有幸能作为本书的译者，让教授的观点可以被更多人知晓。

本书的立意和传统的金融财务类书籍完全不一样，拿教授的原话说就是“all we need first is the mindset”。我们首先需要建立的是一种金融和财务的思维。而这样的思维，对于创业者而言尤其重要，事实上大量的数据显示，对于金融财务知识的忽视是导致创业快速走向失败的罪魁祸首之一。然而，如同创业本身就是一个高度不确定性的选择一样，创业金融的知识也在不断地演进之中，所以本书的两位作者也花了很多的心思将最新的知识和趋势以一种易读易懂的方式呈现出来。最后，我作为译者同时也是一名创业学的研究者，需要提醒大家的是“金融”本身不会提供创业问题的答案或者解决方案，但是它能为我们提供拆解问题的思路和未来行动的启示。

本书的翻译出版受中央高校基本科研业务费专项基金专著出版资助项目（JBK2004024）的资助。本书不仅可以作为经济管理类院校本科生、研究生和MBA的教材，同时也能作为创业者或意向创业者的手边工具书。我相信，本书为我们提供了一次宝贵的机会，去学习和发展我们在这个领域的必要技能和基础知识，大家定能从阅读马斯卡拉教授这本最新的著作中收获创业的全新视角。

陈桓亘

2020年2月

推荐序

我与马斯卡拉教授相识于2015年，此后我们成了很好的朋友、学术研究合作者以及商业合伙人。马斯卡拉教授是一位具有丰富经验的创业者，同时也是金融、财务领域的专业人士，他在金融学院教授创业课程的同时，还为上市公司、创新企业做财务咨询。2019年，我与马斯卡拉教授因一篇合作论文一同参加了在新奥尔良举办的国际金融管理协会（Financial Management Association，FMA）年会，有幸在现场见证了他获得FMA颁发的国际教学创新奖（International Award for Innovation in Teaching），这证明了其在金融学领域的开创性和突出效果，也是对他的金融学教学工作和能力的认可。

当然，教学方法更多体现在课堂上，此书虽然不能将马斯卡拉教授在课上的模式呈现，但还是能感受到其对创业尤其是创业公司金融财务的理解。要知道，公司财务一直是被认为非常枯燥的内容，固定、死板；而创业恰恰相反，创业是持续发掘和实践商业价值的过程，充满了各种不确定性。创业者要在这样充满不确定性的环境中，解决现有的困难从而创造出价值，进而通过市场的手段实现价值的商业转化。所以，要理解创业金融，就要从拥有创业者精神的创业者视角来理解它，这与我们传统学习金融财务的方式有所不同。这给理解带来了一定的难度，同时，也对书的编写提出了更具体的要求。本书针对上述特点，结合创业的实质和核心要义，对创业将会用到的各类金融和财务知识进行了详细阐述，并且配以大量的漫画和案例，既生动形象又简洁明了。

无论是对需要了解财务工具的创业者，还是对创业团队、创新企业、大型公司的财务人员来说，本书都是很好的教材，也是非常好的工具书。

陈耿宣

2020 年 5 月

中译本序

我教财务已经超过15年了，不同的大学有不同的特色。在这些年里，我发现同学们在学习财务的高级课程时，也会努力学习财务和金融的基本概念。我特地将该书设计成一本财务金融基本概念的手册，以帮助读者轻松学习。该书从一个创业者角度去理解财务概念，侧重对财务概念进行简单的入门式说明，并非求全求深，当需要的时候，它是一本学习基本概念的辅导书。此外，你可能会发现，多个章节都讨论了同一概念。这是有意而为之。有些概念太重要了，值得反复学习。我相信，不断重复这些概念将有助你更好地学习和掌握相关知识。

我被中国目前火爆的创业氛围深深吸引，也非常看好这些创业活动。近年来，我频繁地收到中国政府、大学、大型企业、孵化机构的邀请，前来分享我作为金融学教授、连续创业者和天使投资人的经验、知识以及对年轻人的建议。

本书能在中国出版得益于我的合作者魏一教授。近年来，他一直从事创业教育和创业实践指导。同时，陈桓亘教授对于创新创业的独特见解，以及他的跨文化国际背景，也为翻译本书提供了十分有益的洞见，对此我深表感谢。另外，我需要感谢西南财经大学的冉心竹、肖锦玲、潘鑫潮、温博宇、郝璐婧、秦艺、何雨涵几位优秀的同学，他们严谨、认真的工作对本书的顺利出版做出了巨大贡献。

最后，祝你阅读愉快，从中获益。

潘卡基·马斯卡拉

2020 年 4 月

目录

引言

创业——天生 vs 培养

创业者是天生的吗？你能把一个人培养成创业者吗？很多人试图回答这些基本的问题，但都没有确切的答案。关于这个话题，不同的人会有不同的答案。我认为，想成为一位优秀的创业者，最重要的是具备处理不确定性因素和不完全信息的能力，如果你每次做出带有风险的决定时都有畏惧感，那么再多的培训都不可能使你成为一个优秀的创业者。然而，一旦你习惯了在具有不确定性和模糊性的背景下做出决策，那么通过适当的培训，你就可能成为一个成功的创业者。究竟哪种训练能帮助你取得最好的结果，仍然有待商榷。大部分人都可以通过训练做到最好，但训练需要很长时间。

假设你不是很厌恶冒险并想成为一个创业者。接下来的问题是“我该做什么才能帮助你成为一位成功的创业者”。答案是“实际上，非常多”。让我告诉你该怎么做。全世界有数百万人都梦想着有一天自己能成为老板。他们常常就职于某个地方，或者在职业学校、学院或其他机构学习。大部分情况下，在小公司就职的人，多少都有成为老板的愿望。也可能有这样一群人，一开始在特定的公司工作的目的是了解企业，以便在以后的创业道路上学有所用。在某种情况下，在某个特定领域获得学位的人都会根据他们学到的专业技能考虑创业方向。那些看着父母、家庭成员或监护人经营企业的人，长大后一般都会梦想自己拥有一家公司。

然而，综合上述所有情况，专业技能和特定领域的专业知识通常不是主要问题。就职于小企业的人，可以了解客户、行业、产品和服务、日常运营挑战、市场价格和贸易条件、规章制度等信息。同样，在大学或职业学校接受特定领域教育或培训的人也具有该行业所需的技术专长。这样的人甚至可能成为实习生或学徒，作为其培训计划的一部分，直接接触该领域。一个人在成长过程中，看着父母经营企业，并被父母要求在晚上或周末花时间在企业经营上，极有可能掌握该领域大部分的专业技能。然而，企业经营的一个方面，对于大多数就职于小企业的人来说，常常是不会接触到其核心的。那就是企业的财务细节——账簿、税收、盈利能力、债务状况、企业价值等。

小企业的所有者常常像保守商业机密一样把财务细节藏在心底，自己处理所有的财务问题。这就是小企业的所有者如何有效控制自己企业的秘诀。除非自己处理金融交易，要不然对公司真正有威胁就是，自己公司的员工跳槽到街对面的企业进行竞争性经营，从自己家的供应商那里采购，然后卖给自己家的客户。毕竟，在小型企业中，员工有机会接触与运营相关的大部分职能，并与大多数外部方（客户、供应商和服务提供方）直接接触。只有企业盈利能力和运营融资这些未知的财务细节，才是许多员工无法接触的专业知识。

那些就职于大企业的人一般情况下没有机会见识到企业经营的方方面面。他们通常被委派到某个部门，按照要求完成工作任务。这使得这批人对企业中的某一个商业难题的某一个组成部分非常了解，而对其余部分则一无所知。除非有人专门在一家大公司的财务部门工作，否则他不可能获得这种企业必要的财务知识。要试图去复制一家同等规模的初创公司，即使掌握大企业的财务细节也是远远不够的。另外，学生通常不会接触到某一行业的财务细节。教育课程通常着重于传授技术细节，并为学生准备专业认证课程。除非学生上过商学院，否则他不可能学到很多关于财务管理的知识。

通常，具有领域专长的创业者了解产品及成本，但因为缺乏财务知识，他们最终仍会遭受损失并面临流动性不足的问题。他们在企业日常运作决策方面会犹豫不决，力求尽可能好地提供产品或服务，以至于他们忽视了一些实际情况，比如银行账户余额不足以支付员工或供应商。他们无法理解在生意兴隆、产品畅销、客户甚至要排队购买而且预定爆满的情况下银行账户里却没有钱。财务知识是无法替代的。了解个人行为的财务后果不仅能使创业者保持财务偿付能力，而且有助于经营运作更为高效。

决策失误

如果增长计划制订不当，它极有可能对企业发展是致命的，因为你最终不得不花费大量时间和精力把财务资源安排到位，以满足不断增长的库存、资产和员工的需要。在这个过程中，你的财务决策可能会出现失误，同时如果你没有关注到可能失控的业务问题，这会导致产品质量下降、交货期限延误、合同违约、订单取消、库存未消，甚至会导致丧失抵押品赎回权、破产、危急资产出售以及一系列的不良后果。考夫曼创业基金会（Kauffman Foundation of Entrepreneurship）最近的一项研究发现，大约三分之二的增长极快的创业公司最终都倒闭了。接下来我会举例说明一家公司是如何吸取这个教训的。

吉姆·皮卡里洛（Jim Picariello）于2006年创办了一家名为怀斯阿克雷冷冻食品（Wise Acre Frozen Treats）的公司，在校舍厨房里制作有机冰棒。皮卡里洛的产品还拿过几个奖。当公司的效益激增时，皮卡里洛做了所有人希望他做的事。他又雇了13名员工，采购了满足预期需求的生产设备，并搬到了一个3 000平方英尺（1英尺=0.092 9平方米）的制造工厂。但不到一年，他不得不申请破产。尽管他一度拥有优质的产品、宣传和专业知识，但是他对财务可行性的理解不足令他最终失败。

通常情况下，创业者会因为情绪因素而搞砸一个项目。在缺乏适当的财务可行性分析的情况下，这可能是一个严重的错误。虽然激情是创业成功的主要因素之一，但是光有激情是不够的，有时甚至会产生反作用。创业者天生乐观。事实上，悲观主义者不太可能参与到创业的历程中。然而，当乐观主义者得不到健全的财务分析和计划的支撑时，往往会出现灾难性的决策和结果。毕竟，无论发生什么事情，都是创业者决策引发的结果。有时候，一个简单的决策最终会影响企业的未来。一方面，好的决策会带来一系列新的机遇，而当这些机会被适时把握时，又会带来一系列的可能性，等等。另一方面，错误的决策可能导致截然相反的结果，其中最好的结果可能也只是避免问题进一步恶化、遭受损失或其他不良后果。教育背后的全部理念是掌握必要的技能，以便时机到来时，我们做出成功率最高的决定。这正是我打算在这本书中要帮助你的，也就是说，帮你打牢财务决策的基础。

鉴于人们更容易认同与大品牌相关的故事，接下来我会举几个关于大公司决策的例子。目的是论证财务决策的重要性。这些信息适用于所有规模的企业，更适用于初创企业，原因很简单，初创公司重来的机会更少。微软在2008年提出以每股31美元的价格收购雅虎，对雅虎的估值为446亿美元。这个估值比雅虎当时收盘价还要高62%。雅虎拒绝了这个提议。此后不久，雅虎的股价下跌了一半多，多年处于低位，直到威瑞森通信公司以区区48亿美元（只是微软多年前出价的十分之一）就收购了雅虎的核心业务。

毫无疑问，雅虎并不是个例。事实上，关于财务决策失误的故事有很多。1998年，德国汽车制造商戴姆勒-奔驰（Daimler-Benz）以360亿美元收购了克莱斯勒（Chrysler）。公司宣称此举有利于长期增强公司的盈利能力。不幸的是，并购并没有带来任何预期的好处。戴姆勒公司多年来在克莱斯勒的运营中，损失了数十亿美元。经过九年的亏损，戴姆勒在2007年与瑟伯勒斯资本管理有限公司（Cerberus Capital Management）协商，以74亿美元出售克莱斯勒80.1%的股份。总结一下，戴姆勒支付了360亿美元，遭受了数十亿美元的经营损失，然后以低价出售了克莱斯勒。

以上两个故事应该能让人们认识到决策正确的重要性。下面来谈谈在课堂上我经常给学生举的一个例子。几乎所有人都听说过沃伦·巴菲特。在过去十几年，他是除比尔·盖茨之外第二富有的人。直到今天，他还是被《福布斯》评为全球第四富豪。更重要的是，他是一位投资大师。沃伦·巴菲特投资任何一家公司的消息常常足以使这类公司的价值增加数十亿美元——为什么？归根结底，巴菲特的财富可以归功于他所拥有的一项特殊技能。在任何特定的时间点上，他似乎都能够比其他所有人更好地决定是否投资这家公司。事实上，如果一个人能够每一次都正确地做出决定，他可能在很短的时间内从一贫如洗到亿万富翁。可悲的是，我们不可能一直正确。因为决策的结果通常取决于未来发生的事件，并且不可能提前准确地预知。然而，如果我们对财务概念有良好的理解，我们往往就能更多地做出可能产生好结果的决定。

财务决策

其实，沃伦·巴菲特投资公司的决定与你创业、开展项目、购买汽车或其他具有直接财务影响的决定并无不同。许多人认为巴菲特投资的是股市。然而，这是一种误解。他的办公室甚至没有电脑。他不像普通投资者那样关注股市，他投资的是公司而不是股票。（如果你对两者的区别感到困惑，不要担心。我们将在后面的章节中讨论这个问题。）公司就像一个项目。事实上，它只是不同项目的集合。在这本书中，我将告诉你如何决定是否应该投资一个特定的项目。这要求你在不同的场景中考虑风险和不同的财务结果。

正如我之前提到的，创业具有不确定性。有经验的创业者能够做出明智的决定，决定要冒什么风险，要避免哪些风险。更优质的信息和分析会有更好的决策和更高的成功概率。当你踏上创业之旅时，你正在玩的就是概率游戏，而想法是提高成功率的机会。在该书中，不可能给出所有可能领域的专业知识。但是有一些技巧适用于所有类型的业务。不管你决定从事哪种业务，你都必须管理资源。有一些关于管理的书籍教你如何管理人、项目、运营、公众观感等，但毫无疑问，最值得关注的资源是钱。财务资源常常能够连接其他所有类型的资源，因此，适当的财务管理往往是有效管理的核心。

当人们想到创业者时，脑海中会浮现出两种截然不同的形象。一种是餐馆老板之类的。另一种就是阿里巴巴的马云、脸书网（Facebook）的扎克伯格（Mark Zuckerberg）、小米的雷军、亚马逊（Amazon）的杰夫·贝佐斯（Jeff Bezos）和百度的李彦宏这样的人。这些企业尝试了一些新事物，它们的成长迅速，需要大规模的投资，并且在早期阶段承受了极高的不确定性。然而，要使这两种类型的企业取得成功所需的财务技能并没有太大不同。对于创新型风险投资者来说，唯一需要的额外技能是了解风险投资、融资。在这本书中，我们讲解了簿记和财务决策的基础知识，并将其应用于引导风险资本投资。这满足了所有类型创业者的需要。

坏女孩服饰销售网站——案例分析

坏女孩服饰销售网站（Nasty Gal），系洛杉矶的一时装零售商，在2012年被杂志公司（Inc. Magazine）评选为增长最快的零售商。短短四年时间，公司不得不申请破产。它的创始人，索菲亚·阿莫鲁索（Sophia Amuroso）在2006年创业之初，本来只是个易趣网（eBay）的小卖家，贩售二手古着风格的衣物，后来才开始卖她自己品牌的衣服。公司销售额从2011年的28万美元飙升到2012年的128万美元。如此惊人的增长速度使得该公司在2012年筹集到4 000万美元的风险投资。

公司用这笔资金租用了50万平方英尺的仓库，以满足它的订单和物流需求。通常，初创公司都会使用第三方物流供应商，以便将其重心倾注在的其核心业务上。此外，该公司还斥巨资利用社群网站宣传。它在Facebook和Google等平台上为提高知名度付出了相当大的代价。不幸的是，尽管该公司能够根据其在电子商务方面的支出让客户试用其产品，但它无法将网民转化为重复客户。这使得每次收买客户的成本远远高于客户的长期价值。客户的流失率、失去现有客户的比率和获得新客户的比率之间的差别非常高。这基本上意味着“坏女孩”很难成长。公司意识到这一点的时候已经太晚了。

公司一直利用这种方式进行销售直到最终破产。它的产品售价也明显高于其成本。然而，该公司在支付供应商、配送员以及汽油和办公用品等日常开支方面存在问题。该公司试图推销自己，但无法吸引买家，因为其应付账款（欠供应商和其他人的钱）已明显老化。这意味着，公司长期欠款，从而向潜在买家发出了公司存在更深层次问题的信号。

当长时间无法偿还合作供应商的欠款时，公司复苏的可能性就显著下降。除非直接以现金支付，否则公司不可能从新供应商那里以具有竞争力的价格获得高质量的产品，但公司显然没有现金。这意味着公司无法摆脱恶性循环。没有产品销售，公司很明显不可能产生收入和利润。

此外，时装公司必须投资新的设计和创意来维系生存。由于要解决财务问题，管理层没有在创造新趋势和产品方面进行过多投资。这意味着，公司既不能维持老客户，也不能吸引新客户。面临财务问题的公司采取措施节约成本，从而使整个公司趋于落后。

在这本书中，我将阐述创业和企业运营的方方面面，从而避免坏女孩服饰公司这样的命运。我会教你财务报表的基本知识，然后解释所得税的概念。在很多情况下，所得税可能是决定一个财务决策好坏的关键。然后，我将详细阐述财务比率的基本原理，这些财务比率将帮助你识别业务上的问题，并将你的优势与期望和竞争对手进行比较。我将在本书中用大量篇幅来帮助你理解货币时间价值（TVM）的概念，TVM可以说是金融学中最重要的概念。理解这一概念对于完善资本预算和财务决策至关重要。这本书还将深入探讨日常业务运营所需的财务概念，以及如何获取企业融资。

最后，尽管采取了各种预防措施，不幸还是会时有发生，公司不得不从银行和其他投资者那里寻求资金。在这种情况下，如果你掌握财务知识，精通财务术语，你很有可能说服别人信任你。前面的章节将帮助你掌握财务世界中使用的术语。毕竟，如果你能说专业的语言，就更容易表达你的观点，向别人推销你的想法。作为一个创业者，你可能需要资金来扶持你成长。到那个时候，如果天使投资和风险投资认为你精通财务，你获得投资的概率会更大。

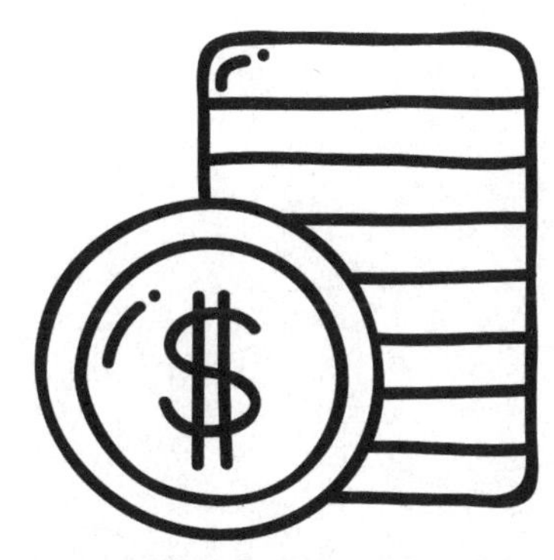

第一章　财务报表

财务报表通常是指提供公司财务信息的三个基本财务文件，分别是损益表（I/S）、资产负债表（B/S）和现金流量表（CF 报表）。非财务工作者可能会被这些术语吓倒。然而，实际情况并非如此。我们将在本章中解决这些问题，我会尽量讲解得通俗易懂。举个例子：你决定在你的家乡开第一家芝加哥风味深盘比萨店，并有 20 000 美元存款，但这项新的投资需要将近 100 000 美元。所以你需要找父母筹集更多的钱，他们可以给你 10 000 美元，然后你去找你叔叔，他借给你 20 000 美元，所以你现在一共有 50 000 美元。不过你仍然差 50 000 美元，所以你去找你的一个有钱朋友成为你的生意伙伴。他说，他将出资 20 000 美元成为平等合伙人，但没有时间投入到公司的常规运营中。这就意味着他将是一个沉默合伙人。随后你从当地银行借 25 000 美元买烤箱和其他设备。最后，你可以从供应商那里获得价值 5 000 美元的基本原材料，比如奶酪、面粉、黄油、西红柿等。

在接下来的几周里，你会发现你的父母、叔叔和以前从未给你打过电话的有钱朋友，突然开始每周都给你打电话了。即使刚开始他们会关心你，但最后总会问到比萨店最近的进展情况。你知道他们是想确认你是不是在合理地使用他们的钱。这些人是你经营活动的利益相关者，如果你滥用他们的资金，他们收回投资的可能性会变得非常有限。把别人投的钱拿来赌博以期赚取快钱，或拿来填补亏空，这种事情并非闻所未闻。

回到正题上，你生意中的利益相关者——你的父母、叔叔和朋友——想知道你用他们的钱做了什么，比萨店的情况怎么样，这没有问题。唯一的问题是，当他们打电话时，你不得不将相同的故事和经过对每个人讲一遍。这会占用你很多时间。为了生意能够做成，你已经忙得不可开交了，当他们多次给你打电话之后，你会发现你很难保持冷静。现在想象一下，如果你公司里有很多这样的合伙人和投资者，他们还不停给你打电话问同样的问题，那么这个问题会被放大。因为大家基本上都对同一种信息感兴趣，所以我们作为社会中的一员，已经想出了一种方式，可以把这些信息以标准化的形式，比如图表传达给感兴趣的人。

你可以把相关信息填入这些图表，以便感兴趣的人获取信息。他们是能够理解这些内容的。这样你就不必一遍又一遍地告诉所有人同样的故事，从而可以专注于更重要的事情。这些图表就是财务报表。

损益表

如果有人问你“商店做得怎么样”，那么一张损益表就可以提供需要的信息。通常，如果没有这张表，你会告诉这个人的内容包括：“一切都好，我们一直在成长，也一直在挣钱。在过去的三个月中，我们卖了价值4 000美元的比萨；最近由于供应短缺，我们不得不付更多的钱买奶酪，因为我们做了深盘比萨，它确实增加了我们的成本，但我们仍然做得很不错……”。我们要弄清这几件事：人们感兴趣的是你卖了多少，你的成本是多少，在过去的三个月里你赚了多少钱。如果他们也有三个月前的相同信息，他们也可以很容易地将现在的数据与以前的数据进行比较，最后，他们真的想知道的事情都是诸如此类的：企业是否在成长，你是否能控制你的成本，是否能赚钱。损益表正好提供了这种信息。我提供的损益表，基本结构如表 1.1 所示。

表 1.1　ABC 公司损益表

2016 年 1 月 1 日—2016 年 3 月 30 日

	净营业收入
-	销货成本
	毛利润
-	销售、综合管理成本（SGA）
	息税折旧摊销前利润（EBITD）
-	折旧费用
	息税折旧前利润（EBIT）
-	利息费用
	税前利润（EBT）
-	税
	净收入/净利润

损益表提供的是在一段时间内的有关业务活动的信息，知道这一点很重要。这个时间长度可能是一个月、一个季度、六个月或一年。在上述例子中，相关周期是三个月（即一个季度）。损益表最前面的信息是你在这一时期卖出了多少钱（净营业收入）。如果有获利，那么你减去成本，就可以提供销售收入净额。这也被称为净收入。接下来详细说明不同类型的成本。首先，表中会体现制作比萨的实际成本（面粉、奶酪、酱油等原料，以及直接用于制造产品或服务的成本），即销货成本。其次，表中会体现销售、综合管理成本（SGA）。这些费用包括租金、保险、水电费、销售佣金、管理人员薪酬等成本。最后，当你从总利润中减去销售、综合管理成本（SGA）费用时，就会得到息税折旧摊销前利润（EBITD）。

此处有一些值得特别提及的点。第一，因产品制造或服务所产生的费用应算作销货成本的一部分。第二，不要重复计算任何费用，这点非常重要。如果将特定成本包含在销货成本的一部分内，则不应包含在

SGA 成本中。第三，你不应该忽视任何费用。如果一项费用不包括在任何常规类别中，那么它应该作为 SGA 中的其他费用包括在内。如果在特定时期，公司有一笔非常规费用，那么它可以作为一项特别费用包括在内。

我们来解释一下折旧的概念。当你在经营中使用机器时，机器的价值会随着你的使用而减少。这就像你的汽车价值一样。随着时间推移，车子行驶的里程数越大，车子就越旧，它的价值也越小。就如你卖一辆旧车，换来的钱远比你买新车时要付的钱少得多。这是因为机器在使用中有磨损。因此，从息税折旧摊销前利润（EBITD）中成比例地扣除使用设备在各时期所减少的价值，得到的就是息税前利润（EBIT）。即使你实际上不必支付折旧费用给任何人，但你最终会承担这笔费用，因为不知在什么时候你就必须要更换设备。从息税前利润（EBIT）中扣除银行和其他债权人的贷款利息费用后，就是税前利润（EBT），也称为应纳税所得额。当你从 EBT 里减去所得税后，剩下的就是净收入。最终这个数字显示的就是你在这段时间净赚了多少钱。

资产负债表

在你向人们解释了你在过去的三个月里所做的事情之后，他们通常会问你："那好，公司现在是什么情况？"通常，你会说一些这样的话，比如："嗯，我在银行里有 4 000 美元存款，拥有价值 2 000 美元的奶酪、价值 100 美元的酱油，还有价值 400 美元的比萨半成品放在冰箱里。我得从没有付我钱的客户那里要回 2 300 美元的欠款。2 300 美元的贷款首付很快到期……”资产负债表正好可以提供这种信息。它表明了公司在特定时间的财务状况。值得注意的是，它不针对一段时间，而是一个特定的时间点。它包含“资产”和“负债”两个方面。在资产方面，提供所有能够给你带来收入的信息。在负债方面，如果企业永久倒闭想要安顿好大家，这部分将提供所有需要支付的信息。资产负债表的基本结构如表 1.2 所示。

表 1.2　ABC 公司资产负债表

2016 年 3 月 30 日

资产	负债
现金和有价证券	应付账款
应收账款（A/R）	应付工资
存货	应付票据
流动资产合计	流动负债合计
房地产、厂房及设备（PP&E）	长期借款
累计折旧	
固定资产净值	所有者权益
资产合计	负债与所有者权益合计

在资产方面，首先，你可以把银行账户、股票账户和任何其他短期投资中赚取的钱，折算成现金，这些被称为现金和有价证券。其次，你可以计算出其他人或实体欠你的总金额，很可能是因为你把比萨卖给他们，但他们还没付钱。这就是所谓应收账款（A/R）。最后，你还必须弄清楚所有的原材料、半成品（即还在制作过程中的比萨）和制成品（即已制成还在待售中的比萨）的价值。它们都是存货的一部分。你增加的现金和有价证券、应收账款以及存货，这些都称为流动资产。这里称作

流动资产，是因为所有的这些款项将在业务正常运转的一年时间内有望变现。房地产、厂房及设备指的是企业拥有的所有固定资产（也称为PP&E或PPE）。这个名称说明了一切。正如我们之前提到的，你不能指望你的固定资产卖出时的价格和你买进时的一样。从你购买了每一个PP&E之后，你就减少了所有PP&E的价值的折旧总额——这就是所谓的累计折旧。一旦你减去PP&E的累计折旧，你就能得知公司的净固定资产。公司的总资产是流动资产和净固定资产的总和，即拟出售公司所有财产可获得的总金额。

我们先不看资产负债表的资产部分，就负债这一部分，我们先从流动负债开始说起。流动负债包括企业在常规经营中希望在一年内应向其他各方支付的所有款项。值得注意的是，每次你看到“应收账款”意味着企业将要收款。与此同时，“应付”这个词意味着公司欠别人钱，将来的某个时间一定要还。应付账款指的是我们欠其他人的钱，这很可能是因为我们从他们那里购买了原材料和其他物品/服务，但还没有付钱。应付工资是指我们向员工支付的工资，因为他们已经向公司提供了服务，但工资未发。应付票据是指由出票人出票，并由承兑人允诺在一定时期内支付一定款项的书面证明。这些款项在这里是指短期贷款和我们必须在年内偿还的贷款。

刚接触财务的人在理解资产负债表时遇到的最大问题是负债部分的权益分配问题。人们经常会问为什么股权被视为负债的一种，因为他们认为：“这是我的钱，我不欠任何人的。”但答案是：这张资产负债表不是你的资产负债表，这是公司的资产负债表。你和公司是两个不同的对象。你只是公司的股东，而公司还可能有像你一样的其他股东。财务报表中的所有数据都是从公司的角度得出的。如果该公司被清算，在股东承担全部债务后，无论剩余多少都要付清。股东权益反映了承担数额。从数学上讲，这就是总资产与总负债的差额。这是因为资产告诉你，如果公司出售了所有的资产，公司会拥有多少财产；负债告诉你公司要支付多少债务才能履行其义务。剩下的才是将要留给股东的。股东的股份包括他们最初给公司的投资，加上公司所有的利润以及再投资的总额。资产负债表的两侧必须保持平衡。如果不是这样的，那就是有的地方出错了。公司用来获取资产的资金要么来自企业必须偿还的人（即债务），要么来自股东或公司赚取和储蓄的任何资产（即再投资于企业）。

现金流量表

一旦你向你父母解释清楚过去三个月你做了什么，他们很可能会问你今后要做什么。“你的资产负债表的净收入表明你在过去的三个月中赚了 3 500 美元。与此同时，你的资产负债表显示你现在的现金余额是 2 000 美元，而三个月前你的资产负债表上显示你的银行账户余额是 3 000 美元。即使你说公司赚了 3 500 美元，那你该怎么解释你的银行余额从 3 000 美元减少到 2 000 美元?”现金流量表正好可以回答这个问题，其被认为是财务分析中最重要的文件。让人哭笑不得的是，现金流量表的信息其实来自资产负债表（B/S）和损益表（I/S）。所有这些表实际上刚开始都是经资产负债表改编而成，中期从损益表（I/S）中改编信息，后期是从资产负债表（B/S）中改编信息，用来显示现金余额是如何增加或减少的。

公司盈利银行余额却减少的原因如下：①该公司用赚取的利润来偿还债务；②该公司售出比萨，但顾客尚未付钱，这就是为什么没有太多的钱在银行账户里；③由于业务增长迅速，该公司用赚取的利润另买了一台烘焙机；④该公司向供应商付了款；⑤该公司为旺季囤积了货物；⑥公司归还一部分钱给股东。在其他情况下，即使公司亏损，现金余额也会出现上升。例如，该公司可能正在出售部分资产或借更多的外债。现金流量表的基本结构如表 1. 3 所示。

表 1.3　ABC 公司现金流量表

2016 年 1 月 1 日至 2016 年 3 月 30 日

经营活动现金流量
净收入
− Δ 应收账款
− Δ 存货
+ Δ 应付款项
+ Δ 应付工资
+ Δ 应付票据
+ 折旧费用
经营活动现金净流量
投资活动现金流量
−Δ 房地产、厂房和设备
投资活动净现金流量
筹资活动现金流量
− 分配股利
+ Δ 长期债务
+ Δ 股东实收资本
筹资活动现金净流量
现金金额净变化
+ 期初现金余额
期末现金余额

如表 1.3 所述，现金流量表将现金流划分为三个部分——经营活动现金流量、投资活动现金流量和筹资活动现金流量。第一部分从净收入开始，这是通过调整一些资产负债表（B/S）中的款项得来的。Δ 应收账款（A/R）是期末应收账款（以 2016 年 3 月 30 日为例）和期初应收账款（以 2016 年 1 月 1 日为例）之间的差额。应收账款增加意味着公司与前一个时期相比赊销了更多。尽管该公司可能在 2016 年 1 月 1 日之前就回

笼了其销售应收账款，但应收账款还是增加了，这表明该公司在当前时期赊账销售额比之前要高得多。这意味着要计算出基于当前净收入的销售额，包括不增加现金的销售。同样，应付账款增加意味着公司在这段时间内赊购的东西比支付的要多。这表明净收入是根据没有真正支付的费用计算出来的。这个逻辑同样适用于第一部分的其他调整。净收入要扣除折旧，虽然它从来不用现金支付。这仅仅是为了说明未来资产在使用期间的更换。

接下来我们将解释购买固定资产或出售现金余额等资产所产生的影响。如果 3 月 30 日的房地产、厂房和设备（PP&E）高于 1 月 1 日的，这意味着购买了新的房地产、厂房和设备，从而导致现金流出。在筹资活动的现金流量中，我们除了向债权人支付利息外，还要向债权人和股东说明现金流量。利息支付已经体现在经营活动部分的净收入款项中。筹资部分包括股利支付的情况、债权人借款净额和股东净出资额。经营、投资和筹资活动的现金流量总和决定现金余额净变化。如果计算正确，3 月 30 日的期末现金余额应该是 1 月 1 日现金余额和现金余额净变化的总和。

编制现金流量表的目的不仅是为了说明现金余额在该时期如何变化，还可以用来理解公司的潜在动力。公司经营中产生负现金流表明企业不盈利。然而，如果同时投资的现金流也为负，这意味着管理层期望增长，因此投资了新的业务。毫无疑问，该公司筹资的现金流必定是正的，从而表明债权人和/或股东可能对未来的业务增长有相似的看法。尽管没有制定硬性规定，一般来说，现金流量运营良好的公司是投资者的首选。如果公司没有继续产生投资的负现金流，则意味着公司没有再投资该业务，因为该业务的未来前景不再那么明朗。

谁在使用财务报表?

在上一节中我们讨论了财务报表是创业者与投资者进行高效准确沟通的必须品。不过，它们对公司的其他利益相关者也很有用。“利益相关者”一词指的是在企业中持有股份的人。一些明显的利益相关者除了股票持有者（即股东）以外，还有债权人、雇员、管理者、创业者、客户、供应商、政府和社区。值得注意的是，一旦我们把社区列入利益相关者的名单，它基本上包括每个人。因为财务报表对利益相关者很重要，那就意味着它们对每个人都很重要。

现在让我们逐一讨论每个利益相关者如何使用财务报表中所包含的信息并从中受益。第一类是债权人。很容易理解债权人/贷款人为什么会对财务报表感兴趣。因为债权人对企业能否及时支付利息和本金感兴趣。他们使用财务报表来判断企业目前的经营是否能产生足够的现金流来支付这些费用。在决定向企业贷款时，债权人可以使用财务报表理清企业错综复杂的关系，并判断企业是否能够按时偿还债务。他们还可以使用这些报表来判断，公司是否有足够的资产可以出售用来偿还贷款，以防企业经营不善的情况发生。

雇员同样也是利益相关者。只有公司能够成功运转，雇员的生计才有保障。雇员可以使用公司的财务报表来判断公司目前是否盈利或在可预见的未来能否盈利。雇员通常拥有公司的股票期权和股票。当这样做的时候，他们的幸福感与公司的感知价值直接相关。此外，雇员也经常关注公司是否能履行其对员工的养老义务。

令人惊讶的是，使用财务报表最多的实际上是下一组人群——管理者。管理者不仅是财务报表的创造者，也是最大受益者。财务报表能够帮助管理者尽可能全面地了解管理是如何执行的，并帮助管理者对未来的行动做好计划并进行控制。管理者可以将当前财务报表与过去的进行比较，以探究事物是否朝着正确的方向发展。管理者还可定期使用财务报表来记录成本，提高效率，最重要的是与其他利益相关者沟通，尤其是员工。同时，管理者不仅可以使用自己公司的财务报表，还可以利用竞争对手的财务报表进行比较、衡量，理解分析行业的状况。

同样，投资者可以使用竞争对手的财务报表来确定该行业是否有足够的盈利空间，或是否有足够的利润吸引投资者来投资。在进行投资之后，投资者可以利用竞争对手的财务报表来紧跟行业发展的步伐，并判断管理层的表现是否比竞争对手要好。

其他利益相关者也对公司的财务报表的特定部分感兴趣。例如，顾客对公司的售后服务感兴趣，因为他们想确保，在他们需要相关服务、需要购买零件，或者提出索赔的时候公司能够做到。顾客能否享受购买的产品或服务，直接取决于企业能否持续履行好其义务，能否创造一个生态系统以提高产品和服务的适用性。同样，供应商也属于利益相关者。如果供应商赊销商品给公司，就希望能确保自己从公司处收到相应的款项。供应商也会使用客户的财务报表来预测未来的订单，以便他们能够尽早规划，并做相应的准备。另外，政府对其管辖范围内的所有企业来说，都像一个沉默的合作伙伴。每个企业都将一定比例的收入以税收的形式缴纳给政府。政府能够跟踪其收入份额的唯一方法，是获取显示企业在这段时间内赚了多少钱的财务报告。在某些情况下，政府也使用财务报表来判断公司是否遵守规定。最后，企业被视为是所在社区的一部分。这些企业受益于社区，并对社区负责。社区成员可以通过财务报表中的信息，来判断公司是否能够为改善社区做出贡献。

财务报表存在的问题

财务报表对企业的重要性不言而喻，但我们也应该注意到它们的局限性。鉴于所有财务报表都使用相同或相似的条款，我们经常会把公司的报表与其他公司的报表进行比较。如果其他公司在同一个行业或同一个国家，这样做或许是明智的。当这些公司在不同的环境下经营时，这样的比较往往是有问题的，因为存在或多或少的差异，无论是地域上的不同（存在财务规则和法律法规的差异），还是行业上的不同（存在成本结构和操作标准的差异），即使对同行业的公司进行比较，如果企业规模明显不同，人们得出的结论也可能是错误的，这种比较也会具有误导性。最后，即使是同一行业的公司，也会在财务核算中使用不同的方法和假设，并在财务报表中对同一项目进行不同的分类。因此，即使是同类型的比较也非常困难。而且，尽管法律对于财务报表编制制定了很多规定，但也允许在许多情况下进行主观决策。从而给了某些不良分子利用财务报表造假来实现自身目的的机会，而没有及时传达公司的真实情况。

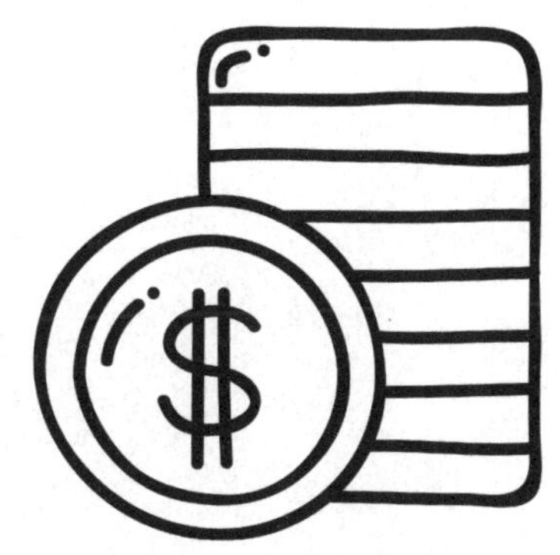

第二章　财务比率

比率是一个数除以另一个数。当用到的数字是财务数据时，最终得到的就是财务比率。如果有人告诉你，A 公司今年赚了 2 000 万美元，你可以从这份报表中提取的信息是有限的。因为你不知道它是高还是低，是好还是坏。但是，如果有人再告诉你，A 公司今年的销售额是 1 亿美元。你就可以判断公司每销售 1 美元赚 20 美分。在这个过程中，你已经计算了一个财务比率——确切地说是利润率。然后，你就可以将其与其他公司的利润率以及竞争对手的利润率进行大致的比较，来判断 A 公司的优劣。你还可以拿现在的利润率与 A 公司去年同期的利润率进行比较，来判断 A 公司是正在发展还是在走下坡路。为了便于比较，比率是不可或缺的。

然而，本章的目的不是教你学会财务师和财务分析师所使用的不同比率，而是想让你懂得计算一些基本的财务比率，能够有效地解释和使用这些比率，为做出有效决策搜集相关的必要信息。在本章的后半部分你会发现，债权人通常在贷款协议中插入条款，来要求借款人维持一定的财务比率，以规避风险。如果企业没有意识到这种比率的作用和重要性，企业可能面临技术违约和流动性危机。希望本章内容能帮助你形成利用比率来获取有效信息的意识。

从广义上来说，财务比率分为以下几类：流动性比率、效益比例、盈利性比率、杠杆比率和市场比率。

流动性比率

顾名思义，流动性比率就是有关公司流动性信息的比率。如果某个东西可以方便快捷地以合理的价格转换成现金，则被认为是流动的。如果公司没有足够的流动资产，公司可能会在房地产、厂房和设备上拥有巨额资产，这会导致无法及时向雇员、供应商、银行和债权人支付款项。比如，供应商在向你赊销原材料时，最关心的便是你是否能按时付款。一家公司可能规模庞大，拥有大量资产，但如果没有足够的流动资产，供应商可能很晚才收到货款，或不得不通过法律程序进行追讨。但没有一家企业想要走法律程序，来招惹一些不必要的麻烦，因此供应商会习惯性地在赊销之前查看其客户的流动资产。他们通过计算流动性比率获悉该公司的流动资产的情况，银行和其他债权人也可以通过同样的方式来获取公司的流动资产信息。

最常用的两种流动性比率是流动比率和速动比率。流动比率是流动资产总额和流动负债总额之比。流动资产，是指企业可以在营业周期一年内变现或者运用的资产，如有价证券、应收账款和存货。同理，流动负债是指将在一年的营业周期内偿还的债务，如应付账款、应付工资和应付票据。流动比率告诉你在未来一年中，对于每一美元的债务，你有多少钱是可以用来偿还债务的。比率越高，债权人从企业及时讨回欠款的信心越高。基于财务准则，存货被视为流动资产，这意味着企业很可能在一年内将库存转化为现金，所以企业陷入长时间的库存困境的事件也时有发生。此外，由于行业趋势或其他方面的发展，库存价值可能会迅速发生变化。因此，速动比率（也称为酸性测验比率）通常和流动比率一起使用来分析公司的流动性状况。速动比率与流动比率类似，但它不将流动资产中的存货部分纳入计算。

效益比例

效益比例（也称为资产使用效益比例或者活力比率）可以衡量企业使用其资产的效率。对于业务经理来说，理解效益比例尤为重要，因为这有助于公司的日常管理，有助于编制财务报表，也有助于制定财务计划和做出决策。最重要的几个效益比例是存货周转率、应收账款周转率、固定资产周转率和总资产周转率。一个高效的系统每单位的输入会产生更多的输出。在效益比例中，产出是销售额，投入是企业使用的资产。一家公司比其他公司高效，是指使用相对较少的资产创造出更多的销售额。

现在让我们逐一探讨上文提到的效益比例。一个企业必须保留一些库存，以满足客户的需求；还必须拥有原材料和半成品，以满足生产需要。一个公司若需使用更多库存来创造销售额，与竞争者相比，可能在库存管理上效率更低，或可能在其账簿上有报废存货。因此，计算企业的存货周转率是明智的。由于不同的企业可以有不同的利润率，存货周转率可计算为销货成本除以平均库存，而不是销售额除以库存。这确保了高效益公司的低库存不会被销售金额中的利润所掩盖。存货周转率越高，表明公司能够以较低的库存水平运营，或者说，比竞争对手销售速度更快。

一个公司的应收账款周转率能反映其赊销金额回款的效率如何，可由净赊销额除以平均应收账款得出。应收账款周转率可以显示平均收款期（以天计量），即365除以应收账款周转率。相比于竞争对手，贷款偿还期长意味着：第一，公司可能遵循宽松的信贷政策，从而给买家提供丰厚的信贷条件，以吸引更多的销售额。第二，该公司可能在其应收款项的追讨上面临一些挑战，而且一些应收账款可能无法追回。贷款偿还期短可能意味着该企业施行紧缩的信贷政策，并且由于这样的政策，可能会损失一些销售额。

固定资产周转率和总资产周转率则是用净销售额分别除以固定资产和总资产来计算。这些比率显示了企业如何利用固定资产和总资产来创造销售额。能够使用较少资产创造 100 万美元销售额的企业，在同行业中，比使用更多资产创造相同销售额的另一家企业更受青睐。然而，不应该孤立地基于这些比率来判断企业。一个公司可能可以很好地利用其资产，但由于保守的折旧政策，或者因为最近购买了高效率机器来代替旧的或贬值的机器，导致资产周转率不高的情况也是存在的。

盈利性比率

当你在现实生活中看到盈利性比率时，你甚至可能没有意识到这是一个比率。我们经常谈论的利润率、资产回报率等就是盈利性比率。利润率是与销货收入相关的一个比率。销货收入是指公司的净销售额，利润率即净利润与净销售额的比率。利润率较高的企业比利润率较低的企业更受青睐。另一种广泛使用的利润率，广义上来说是指资产回报率（ROA）或股权回报率（ROE）。

资产回报率的计算公式为净利润除以平均资产总额。它告诉你企业每使用一美元资产可以赚多少钱。股权回报率的计算公式为净收益除以总股本（总投资额）。它告诉你股东每出资一美元能赚多少钱。鉴于企业的目标是使股东利益最大化，ROE 无疑是企业最重要的比率。

因为其十分重要，管理者经常以多种方式剖析 ROE，用来解读需要改进的领域。管理者通过选取不同年份和不同竞争对手，对不同组成部分的 ROE 值进行比较。研究 ROE 最常用的方法之一就是运用杜邦分析法。其内容如下：

$$\text{股权回报率}=\frac{\text{净利润}}{\text{总销售额}}\times\frac{\text{总销售额}}{\text{总资产}}\times\frac{\text{总资产}}{\text{股东权益}}$$

即，股权回报率=利润率×总资产周转率×多倍股权

杜邦分析法指出，ROE 的高低取决于企业的利润率、资产使用效率和企业财务杠杆的高低。企业要提高其资产回报率，要么通过增加盈利能力（最可能的方式如控制成本）、要么通过提高资产周转率（最可能的

方式如利用更少的资产或更有效地利用资产）、要么利用资金杠杆（如发行债券融资）。ROE 有多种计算方式。分析师有时喜欢把 ROA×（1+负债权益比）的结果作为 ROE。ROA 是衡量企业盈利的尺度。负债权益比是指企业利用财务杠杆水平来扩大其 ROA，以产生更高的 ROE。然而，利用财务杠杆来提高 ROE 会是一个非常危险的举动，我将在下一小节中详述。你应该注意到在数学方面（1+负债权益比）相当于多倍股权，可以计算为总资产除以股东权益。当你从口袋里掏出 100 美元，但能贷款 300 美元，去购买价值 400 美元的资产，你就可以有效地将你的权益扩大 4 倍，这就是为什么你的多倍股权是 4（400/100）。根据杜邦分析法，我们可以推断出，ROE 等于 ROA 乘以股权数。这也意味着 ROA 等于利润率乘以总资产周转率。

杠杆比率

财务杠杆是指公司利用债务来融资。一个相对于其资产有大量债务的公司称作高度杠杆化公司。企业使用更多债务可以扩大股东的 ROE。然而，大量使用金融杠杆的话会在经济不景气的时候给股东造成更多损失。企业不仅会损失自己投资的所有钱，还会损失债权人投资的所有钱。况且，企业还必须给债权人支付借款利息，这会导致情况进一步恶化。为了说得更清楚，我们来看看 A 公司和 B 公司的损益表（见表 2.1）。这两家公司处于同一个行业，但杠杆水平不同。A 公司是一家全资控股公司，没有任何杠杆。而 B 公司的杠杆率很高。

表 2.1 A 公司和 B 公司的损益表

	经济繁荣时期		不景气时期	
	A 公司	B 公司	A 公司	B 公司
销售额	100	100	60	60
主营业务成本	70	70	42	42
毛利润	30	30	18	18
销售、综合管理成本	12	12	12	12
税项及折旧前盈利	18	18	6	6
折旧	5	5	5	5
息税前利润	13	13	1	1
利息费用	0	7	0	7
税前利润 Tax（30%）	13	6	1	-6
税收（30%）	3.9	1.8	0.3	-1.8
净收入	9.1	4.2	0.7	-4.2
负债（年利率@ 10%）	0	70	0	70
股权	80	10	80	10
股权回报率	11%	42%	1%	-42%

正如表 2.1 所示，在经济繁荣时期，A 公司和 B 公司的销售额和盈利能力相同，但 A 公司的 ROE 是 11%，B 公司的 ROE 是 42%。在经济不景气的时候，销售额下滑，A 公司仍能维持 1% 的 ROE，而 B 公司的 ROE 却损失了 42%。需要注意的是，在上述例子中，B 公司的低 ROE 仅仅是因其高额的债务造成的。因此，杠杆比率可以是衡量企业财务风险的一种尺度。

使用范围最广的杠杆比率是负债权益比、资产负债率、已获利息倍数。负债权益比为负债总额与股东权益总额的比值。它可以用来衡量一家公司在经营过程中权益中的每一美元有多少欠款。也就是说，你从口袋里掏出一美元投入运营，有多少是借来的。由此类比，资产负债率可通过总负债除以总资产算出。这可以用来衡量公司有多大比例的资产是通过融资借贷得来的。

已获利息倍数是衡量企业利息负担的指标，计算公式为营业收入除以利息支出。营业收入（息税前利润总额）是指未扣除利息费用和所得税之前的企业收入。由于利息属于免税费用，企业是可以通过可支配的税前收入来偿还其利息债务的。已获利息倍数高的企业，与已获利息倍数低的企业相比，承担的风险更小。债权人往往对这一比率感兴趣，因为这一比率可以判断企业能否及时偿还债务。

市场比率

市场比率对上市公司以及寻求收购或准备上市的民营企业都是有帮助的。每股收益（EPS）和市盈率（PE）是使用最广泛的市场比率。每股收益是指净收入与普通股份总数的比值，它说明了公司某一年的每股收益是多少。如果一家公司有优先股，那么优先股并未包括在未发行股票的数量中，而且优先股息也会从净收入中扣除。每股收益本身提供的信息相对较少，因为公司不一定每股收益都高，也可能是它有很高的收益，但它的股份可能很少。因此，每股收益（EPS）常被用于计算另一个比率——市盈率（PE）。市盈率是股票每股市价与每股盈利的比率。这个比率说明了为了换取公司每一美元的年收入，股票市场的投资者愿意支付的股票价格。这可能是在股市中使用最广泛的比率。运营良好、增长前景较好的公司一般具有较高的市盈率。然而，当使用该比率时，你必须非常仔细。如果一家公司拥有较高的市盈率，也可能在某一年由于一些临时费用，导致收入较低。在这种情况下，高市盈率不再是公司管理得好或增长前景好的指标。

在同等情况下，投资者不关注行业或企业，他们只关注投资和回报。因此，在同等条件下，他们愿意支付所赚的每一分钱，不管这钱是管理厕所赚的，还是投资黄金赚的。与 B 公司相比，投资者愿意支付投资 A

公司的唯一理由是，A 公司在未来的增长速度比 B 公司快得多，并且收入显著高于 B 公司。因此，较高的市盈率通常是更高增长预期的标志。

在并购谈判中，创业者通常会利用竞争公司的市盈率来计算自己公司的价值。其基本逻辑是，如果投资者愿意为 B 公司年每股收益投资 20 美元，该公司在同一行业经营，有类似的增长前景，那么，年收入 100 万美元的公司应该值 2 000 万美元。此外，公司准备上市并确定首次公开募股（IPO）的报价时，竞争对手的上市市盈率通常是最重要的信息。

第三章　企业组织与税收

通常情况下，你在经营自己的企业时，不会把它注册为个人独资公司。当别人和你打交道时，你为自己的行为负责。如果有不幸的事情发生，而且你的行为对他人造成了伤害，你需要依照法律对受害者进行赔偿。在这种情况下，你可能不得不卖掉你的房子或珠宝等贵重物品。这种企业被称为个人独资公司。在这样的企业中，所有者，即业主，与企业是一体的。经营者享有企业的全部利润，同时也承担其全部的责任。这意味着经营者可能因为经营过程中发生的事情而失去他所拥有的一切。

有限责任

法律规定允许个人注册有限责任公司（LLC），并在有限责任公司的名义和保护政策下开展业务。当你注册一个 LLC 时，你会创建一个新的法人，法人在法律意义上是与你相互独立的，并且拥有自己的权利。一旦款项存入公司账户，其就与你的个人存款不同，你不能把这些资金用于个人开支。它是公司的资金，只能以公司的名义进行使用。如果你把公司财产和个人财产区别开来，LLC 可以帮助你免于在公司履行职责时所产生的债务。如果有什么不好的事情发生，比如公司要赔钱，你损失的最大金额是你存入公司账户的钱和公司的利润。你的个人资产，包括在你个人银行账户的现金将受到保护。这样的公司称为有限责任公司，因为它限制了你对企业投资金额的债务责任。这是法律为保护你的个人财产所提供的一种重要手段。

当两个或两个以上的人，作为合伙人一起工作却没注册公司时，任一合伙人都应对另一合伙人的行为承担责任，并可能因此失去自己所有财产。在与许多合伙人打交道时，保护自己的资产，免于因为其他合伙人的行为而产生债务，是我们首先需要考虑的问题。例如，你的合伙人以为公司购置机器为由使用资金，实际上却是在赌场里赌博，你肯定不想为因此而产生的负债负责。

揭开公司的面纱

然而，LLC 所提供的有限责任保护并不表示股东可以完全免除责任。在某些情况下，股东可能要为 LLC 有关的负债负责。这就是我们所说的“揭开公司的面纱”。在法院的判决中，当公司面纱被滥用时，或者当股东无法证明公司的财务与股东的财务没有任何混用时，法院可以要求股东对公司的债务承担责任，特别是针对单一的控股公司更是如此。

双重课税

当你经营独资公司时，你把公司的收入当作你的收入，并相应地纳税。然而，当你通过合并自己的公司形成 C 公司（通常称为 C-Corp）来形成新的法人时，事情会发生相当大的变化。你所知道的很多大公司，如通用汽车（GM）、微软和波音公司都是 C 公司。然而，C 公司的企业所得收入被征了两次税。鉴于 C 公司是一个独立的法人实体，政府首先对公司的业务收入征税。公司缴纳税款后，将剩余收入作为股息分配给股东。股东收到的股息则被认为是股东的收入。因此，股东的股息收入也需纳税。

让我们用数据来说明这种情况。比如说，把你的比萨店合并为 C 公司。你的比萨店今年获利 100 000 美元。你将以适当的税率缴纳公司税。假设 100 000 美元的企业收入的税率是 30%，因此该公司须支付 30 000 美元的税款，并将 70 000 美元的税后收入分配给股东作为股息。政府还会对股息收入征税。比如说，根据个人收入水平，相应的股息税率是 20%。你将缴纳 70 000 美元×20% = 14 000 美元的股息税。最终，你可以从比萨店 100 000 美元收入中，获得 56 000 美元的净利润。你将在同一收入上纳税两次，一次是在公司层面上，一次是在个人层面上。事实上，有时政府可以对同一收入三重课税。当一家 C 公司在另一家 C 公司持有股票时就会发生这种情况。幸运的是，我们可以选择适当类型的公司架构来合并我们的业务，避免双重征税，享受有限责任的好处。导管公司这种公司架构就可以做到，因为这样的公司的收入直接通过所有者征税而不在

公司层面上进行征税。这些公司包括独资、LLC、合伙公司和C公司。当我们作为LLC或C公司去合并公司时，不仅可以享受有限责任的好处，还不用被双重课税。

边际税率与有效税率

在统一税率制度下，所有不同收入水平的人都以同样的税率纳税。而在累进税结构中，收入较高的人以较高的税率纳税。累进税结构的不同之处在于，与低收入者相比，高收入者的大部分收入都会成为税收。因此人们经常感到困惑，为什么高收入者即使在统一的税收结构下也会缴纳更高的税呢？我们举例来说明。

比如说，A国税率为20%的统一税率，而B国税收结构为收入在1美元到50 000美元的，税率为10%；收入在50 001美元到200 000美元的，税率为20%；收入在200 001美元以上，税率为30%。

现在我们假设某个人赚了210 000美元。在A国，该人应该缴纳210 000美元的20%，即42 000美元的税。然而，B国实行累进税结构，该人所应缴纳的税如下：在第一个50 000美元里，他应缴纳5 000美元（50 000×10%）的税款；接下来的150 000美元应缴纳30 000美元（150 000×20%）；最后的10 000美元，应缴纳3 000美元（10 000×30%），所以该人应缴纳的总税收是38 000美元（5 000+30 000+3 000）。我们把210 000美元的总收入分三段进行计算，因为个人收入每一段所对应的税率不同。显然，这个人想要缴纳更少的税。因此，他会先把钱放在10%个税对应的桶里。然而，他在那个桶里最多只能投入 50 000 美元。然后，这个人必须开始寻找下一个最好的选择，即 20%的税收桶。不幸的是，他在这个桶里投入不能超过 150 000 美元。最后，他不得不把剩下的 10 000 美元放在 30%的税款桶里。30%税率在这种情况下被称为这个人的边际税率。如果这个人要额外增加 1 美元的收入，就必须把额外的收入投进 30%的税款桶里，这就是边际税率。

然而，如果我们从不同的角度来看，这个人 210 000 美元的收入付了 38 000 美元的税，大约占收入的 18%（ 38 000/ 210 000)，这 18%的税率被称为有效税率（有时也称为平均税率）。在一天结束时，这个人实际上在 B 国支付的 18%的有效税率比 A 国 20%的统一税率更低一些。然而，当一个人决定是否额外工作一小时以再获得 100 美元时，由于税收原因，这个人可能更倾向于在 A 国额外工作。这是因为在 B 国，该人必须向政府支付 100 美元额外收入中的 30 美元，而在 A 国，他只需缴纳 20 美元。这就是为什么边际税率在财务决策中比有效税率更重要的原因。

在此澄清一个重要问题。在 B 国的累进税收结构中，较高收入者始终以更高的税率缴纳更多的税费。例如，另一个人收入 75 000 美元，需缴纳 10 000 美元的税（50 000×10%+25 000×20%）。此处与收入 210 000 美元缴纳的 38 000 美元的情况进行比较。高收入者当然税费会更高，但更重要的是，高收入者需要缴纳收入的 18%，而较低收入者只需缴纳其收入的 13. 3%（10 000/ 75 000）。

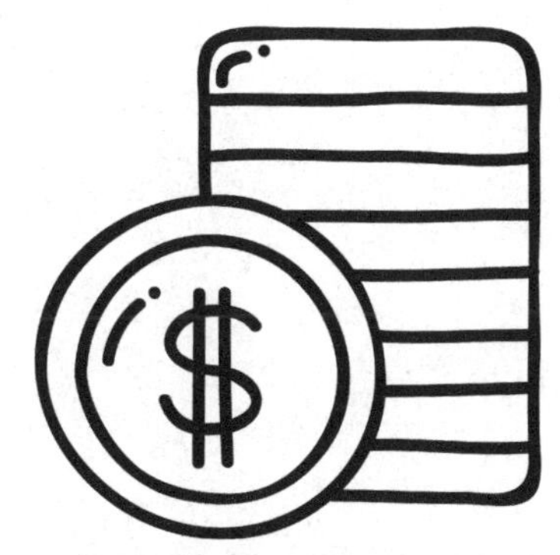

第四章　公司财务

公司财务相关问题

代理问题

企业财务管理中有一个最基本的概念就是，理解什么是众所周知的利益冲突。这一点同样适用于企业的所有管理。一旦任何一人为另一人或另一实体做决策时，代理关系便诞生了。前者称为代理人，后者称为被代理人。代理人的职责就是时刻为被代理人实现利益最大化。但实际上，代理人自作主张谋取私利并因此损害被代理人利益的情况时常发生。这就是所谓的代理问题。只要发生代理关系，就会产生代理问题。这种问题不可避免，但我们最希望做的就是能够减少代理问题的产生，并对其做好管控。

我们先来想一想，如何才能保证代表我们的那个人真正为我们做实事呢？有一个方法就是监督并记录代理人的所有行为。在实际生活中，这是管理代理问题应用最为广泛的方法。但是监视他人需要花费大量的时间、精力和财力。如果你有许多代理人，那么采取监视的方法几乎是不可能了。另一个方法就是制定一种制度，让代理人在谋取被代理人利益时，自己同样也可以获得利益，反之亦然。这种情况就不需要监视了，而是把代理人的利益和被代理人的利益绑定在一起。

在企业中，经理就是代理人，股东就是被代理人。鉴于许多股东只拥有本公司少量股份，而且即使有些股东拥有大量股份，他们也并不是完全控股，所以花费时间、金钱和精力监管经理就变得十分低效。这也是董事会诞生的原因，股东雇用一些代表代替他们监视经理。这一点令人啼笑皆非。我们制造出一个代理问题只为解决另一个代理问题：创造股东和董事的代理关系去管理股东和经理之间的代理问题。同样令人惊讶的是，在现实生活中，利用一个代理问题解决另一个代理问题不是巧合而是一种社会准则。一旦你开始留心，就会发现日常生活中存在无数这样的例子。股东除了雇用董事会成员，还常常安排经理持有一部分公司股份。这就使得经理的利益和股东的利益绑定在一起。经理知道如果努力提高公司的价值，他们的股份也会升值，由此赚取更多的钱。因此，经理更有可能大力提高他们自己的股份价值，同时提升所有股东的股份价值。这正是股东希望经理做的事。

公司利润最大化和股东利益最大化

如果我们随便问一个没有任何商业背景的人，经理的工作是什么？你很有可能得到这样一个答案：提高公司利润。但是在商学院，我们教导学生，经理的工作是实现股东利益最大化。我们来看一下这两者的不同之处。如果我们要求一个经理人实现公司利润最大化，并且将其奖金与公司业绩挂钩来激励他，那么这个经理会尽最大能力来提高公司利润。这看上去是件好事，但是我们还是来看一看经理人为了提高本季度的利润或本年度的奖金会做什么事吧。

第一，经理人可能会卖掉公司非常有价值并且会在市场上获得最高利润的资产。这类资产可能是市中心一块炙手可热的房产，或者是价值珍贵的知识产权，例如一项专利。卖掉这些最有价值的资产可以在短期内换来大量利润，但是长期来看，公司的未来收入、战略性决策以及竞争优势将不会再得到提升。如果该公司的现金流动和公司盈利严重依赖这些资产，那么这种做法甚至会导致公司破产。

第二，经理人可能会竭力榨取劳动力。他们会减少员工的福利，如压缩带薪假期和午餐时间；让员工无偿加班，或者工资按年增长，还会制定其他一些政策只为降低劳动力成本。虽然这些做法会在短期内减少成本，但是会导致员工职业道德水平下降，业务优秀的员工会在竞争对手公司中找到更好的工作。那么这个公司不得不再投入额外的资金，雇用培训新员工，并给他们提供相应的薪水。

第三，经理人可能会以打折的方式来提高本季度或年度销售额。但是这种销售额的提高潜在地牺牲了下一季度或年度的销售业绩，因为消费者会趁着打折活动提前囤货。除此之外，顾客会因此期待未来会有更低的价格，长期来讲，这是损害公司利益的。

第四，经理人可能会为了节省成本而不开展日常维护。这会导致生产过程中设备出现故障，从而给生产带来损失，也会增加维修的费用。

第五，经理人可能会为了节省成本减少研发活动，但是这会限制公司未来的竞争力。

第六，经理人可能会为了节省成本，降低产品质量。消费者因为信赖公司的声誉，会持续购买其产品，所以质量下降短期内不会损害公司利益；但是，消费者迟早会发现产品质量下降的事实。这将降低公司的信誉，影响公司的发展。这些短期内提升利益，长期内损伤公司的做法，不胜枚举。

你或许想知道，为什么经理人会做出损害公司长期利益的事情？你要知道，经理人的任期很短！他只关心这一年的奖金，并有可能随时离开公司，跳槽到别处。相反，公司所有者的目光要长远得多。通常情况下，这些企业都是家族企业，他们希望把运营良好的公司留给后辈。即使是上市公司，也是如此。股东投资一个公司，是期望能够高价出售股份，从而赚取利润。如果经理人的做法不利公司长远发展，就会很难找到愿意购买公司股份的人，股份购买需求的减少将导致股票价格不增反降，从而给现有股东带来损失。因此，股东希望经理人的一切做法都有助于公司获利。如果经理人能够增加分红中的现金流动，且不会影响公司长远发展，那么经理人的做法是可取的。但如果当前现金流动会损耗未来的现金流动，情况就不同了。总而言之，一个公司的目标是增加股东的财富。生产优良产品、不断创新、善待员工和客户、遵守公司章程等任何与妥善经营公司相关的事，都是增加股东财富的做法。

机会成本

首先我们来熟悉一个最基本的财务概念，也是大部分创业者起初都不能理解的概念。举个例子，一个人要创业，他有 5 万美元，并且以 10% 的年利率贷了 5 万美元。这意味着他每年要付 5 000 美元的利息。那么这个人最起码赚多少钱才能回本呢？大多数人会回答每年赚 5 000 美元。事实并非如此。这 5 000 美元只是借款的利息成本，另外投资 5 万美元的存款怎么办？或许有人会说他不需要再为任何贷款付钱，因为那笔钱已经属于他了。然而事实上，不论是自己的钱还是别人的钱，资金成本与每一分钱都息息相关。他可以把这 5 万美元投资到其他地方，赚些收益。但是选择创业就意味着放弃收益。这笔收益就是 5 万美元投资资金的成本，被称为机会成本。机会成本是你为了这项投资而放弃的另一项投资所可能获取的回报。

同样的概念也适用于非现金投资。如果你使用自己的地产，那么，无论你购买这块土地的价格是高是低，如今土地的市场价都是这块地的成本。因为你可以选择出售地皮赚取收益。通常来说，所有事情都有机会成本。天下没有免费的午餐。但是理论上，如果一个物品没有其他用处，不可转让，不可存储，那么可以称其为无成本物品。

通货膨胀

有关资金，人们首先想到的问题就是，为什么资金会有成本？原因众多，其中最简单也是最主要的原因就是——通货膨胀。虽然我们都想赚钱，但我们关心的并非只是钱，也可以是我们用钱买来的商品和服务。例如，你的朋友需要1 000美元，并且保证一年后一定归还，你同意帮助他。你借钱时，土豆每磅1美元，一年后，土豆变成每磅1.1美元。如果你的朋友这时还钱，那么你实际损失了一些价值。因为，即使朋友归还你的1 000美元正是当时你借出的金额，你能购买的土豆数量也不是一年前的量了。所以，你的朋友应支付你1 100美元，你才不会亏本，才能买到同样数量的土豆。也就是说，你的朋友需要给你额外10%的钱作为回报，才能弥补这段时间10%的物价上涨。

实际收益

大多情况下，通货膨胀是资金会有成本的主要原因，但却不是唯一原因。资金成本产生的其他原因还包括实际收益和风险溢价。如果你有1 000美元，你可以完成自己期待已久的度假心愿。如果有人想借这1 000美元投资，他有可能给你额外的利益，说服你一年后再去度假，而不是现在。假设由于通货膨胀，一年后的旅游花费为1 100美元。推后假期，你应该收到1 100美元的还款。如果你能得到1 175美元的还款，你可能会选择多等一年，借钱给他，因为你觉得你不仅可以度假，还能得到更多的钱。你所得到的这个额外的75美元，是由于通货膨胀付给你的赔偿金，称为实际收益。为什么人们会要求获取实际收益？因为大家都喜欢即时消费，而不是预留到以后再消费。没人能确保自己一定会在未来享受到这笔消费，甚至不能确定那时的自己是否具有消费能力，以及具备身体素质来享受这笔资金。因此，为了说服某人放弃即时消费，我们必须给他提供更多未来消费。这个未来消费的额外费用就是资金产生的实际收益。

风险溢价

现在我们来讨论风险溢价。为了理解这个概念，我们要知道什么是风险。风险是指发生不利结果的可能性。通常人们会为了得到某一特定结果避免不确定因素，这就是风险规避。为了解释这个概念，我们假设你有两种选择，A 和 B。选项 A，扔硬币决定赚钱还是赔钱。花面朝上，你要给别人 5 美元；人头朝上，你会得到 20 美元。选项 B，你一定会得到 5 美元。这种情况下大部分人选择了 B。为什么呢？这是因为大部分人不喜欢选项 A 中涉及的风险：硬币一旦花面朝上，就赔 5 美元。然而，理智一点说，选项 A 更好一点。因为在选项 A 中，如果你抛了 100 次硬币，会有 50 次人头朝上，50 次花面朝上的概率。说明你每抛一次硬币，就会获得 7. 5 美元，即$\{[50\times(-5)]+(50\times20)\}/100=7.5$。这比选项 B 中确定的 5 美元高得多。但是许多人为了避免风险而选择选项 B。为了说服别人选择带有风险的那个选项，你就要付出额外的补偿，这就是风险溢价。

回到之前那个度假的例子。有人要求你放弃假期，借给他这 1 000 美元，并承诺一年后付你 1 175 美元。但是现在假设你怀疑该人无法在一年后归还你 1 175 美元。你觉得借款人可能会生意破产，无法全款偿还你，即使这种可能性很小。这种情况下，借款人可能会为了说服你而提高还款额到 1 225 美元。为什么？因为如果没有这个额外的钱，你可能会把钱借给更有还款能力的人。而这 50 美元就是你在明知有风险的情况下仍同意借钱所获得的风险溢价。

现在，我们来总结一下，一个人现在借了 1 000 美元，并在第二年归还 1 225 美元。这就是 22. 5% ［(1 225−1 000)/1 000］的利息成本，其中 10%是对通货膨胀的补偿，7. 5%是实际收益，剩下的 5%是风险溢价。

以上所有假设的前提都是你借钱给别人。如果你是作为合伙人，投资朋友的生意又会怎么样呢？这种情况下，1 000 美元的投资会带来更高的资金成本。即使通货膨胀和实际收益不会发生变化，风险溢价也会变。这是因为当你投资企业，而不是单纯地借钱出去时，与资金相关的风险等级发生了改变。作为股东，你很有可能会血本无归。例如，当你借钱给一个企业时，只收5%的风险溢价，但是当你作为股东时，你可能会要求10%的风险溢价。因此，企业的股本成本是 27.5%，而债务成本只有22.5%。这正是为什么股本成本高于债务成本的原因。

费雪效应

在实际收益部分中提到的例子是以美元为计算单位，如果以百分比来计算收益，事情就会变得复杂了。让我们重新看一下这个例子，你今天借出 1 000 美元，一年后有望得到 1 175 美元。假设通货膨胀率为10%，这种情况下，我们可以获得投资金额 17.5%的收益。这个 17.5%就是名义收益率。我们可能会认为剩下的 7.5%是实际收益率，但是事实上，实际收益率稍低于 7.5%。为什么会低呢？我们来换个角度分析这个情况。继续假设，一磅土豆 1 美元，一年后涨到 1.1 美元，现在 1 000 美元可以买 1 000 磅土豆。一年后，1 175 美元可以买到 1 068.18 磅土豆，比现在多买了 6.8%。因此实际收益率为 6.8%，而非 7.5%。这是因为通货膨胀带来 75 美元的额外赔偿，在一年后，比现在的 75 美元买的土豆要少。即使按价格来算我们得到 7.5%的收益率，但是按实物来算，只有6.8%。这就是费雪效应。费雪效应方程为：

$$1+\text{名义利率}=(1+\text{通货膨胀})\times(1+\text{实际利率})$$

我用下面的卡通漫画来解释这一方程。黑心的货币兑换商宣称货币兑换只收取 4%的费用。在这个客户想兑换的 100 比索中，4%在这里就是

4 比索，但是兑换商没有按比索收费，而是收取了 4 美元，这当然不是本次交易中 5 美元的 4%。按照上述的费雪效应，这个投资者获得的收益是按通货膨胀后的美元计算的，因此，钱的价值减少了。下图中，兑换商按强势货币的 4%收取费用，实际上收了客户 80%的交易费，并不是广告中所说的 4%。

风险类型

我们在投资时会面临各种各样的风险。在此我无法论述所有类型的风险，所以我只讨论几类创业者需要注意的重要风险。

非系统性风险与系统性风险

一旦投资某业务，该业务总会出状况。例如火灾、员工罢工、被诉讼、重要执行岗位人员离世或离职、产品出现问题等。这些属于特定种类的风险，被称为非系统性风险、资产特定风险或业务特定风险。你可以为其中一些风险购买保险，但是其他不能购买保险的风险，称为市场风险。无论你做什么样的企业，整个行业以及整个经济大背景中发生的任何事都有可能影响你，这就是系统性风险。

利率风险与再投资风险

任何投资的投资价格都是基于当时市场现行的利率而定的。利率不仅影响必要的债务回报率，还构成了必要股本回报率的基础。正如我在前文中提到的，投资者把自己的资产给别人使用是希望能够得到通货补偿，外加一些实际的回报，才会愿意把钱给他人用。通货补偿率和实际回报率共同构成了无风险利率。所有投资的必要收益由利率和不同类型风险溢价组成。你一旦投资了，利率总有可能上升。利率上升，你的投资价值就会下降，从而给你造成损失。这种损失风险称为利率风险。

金融顾问对再交易风险有不同的见解

如果你想知道为什么利率升高，投资价值反而降低了，我可以举个例子解释一下。假如你现在做了一个简单的投资，从现在起，你每年都可以收到100美元的现金。你投资时，市场现行利率为7%，由于还存在各种相关风险，你认为必要收益应该达到10%，因此你决定这次只投资90.91美元。如果年末你收到100美元，说明你赚了投资金额的10%（90.91×1.10≈100）。假设刚好第二天利率涨到10%，必要投资回报率就变为13%。如果你要出售这笔投资，你有可能只能得到88.5美元左右（100/1.13≈88.50）。这是因为，任何想购买这项投资的人只有支付你

88.50 美元，才能获得这 13%的投资回报。你的投资价值仅仅一天内就下降了 2.65%。这种事情就称作利率风险。

利率有升就有降。利率下降投资价值就升高，这自然是好事。但是这会让投资者陷入两难的境地。利率如果在你的投资到期时升高，你将面临再投资的风险。这种风险是指，你有可能要以十分低的回报率将投资收益再投资，因为在你投资的时候，利率已经降低。

流动性风险

人们投资时，都希望能在未来某个自认为合适的时机抛售出去。但是，一些投资很难在短时间内出售。因为在你想出售时，也许并没有那么多有购买意向的投资者。这时，你不得不以亏本的价格出售，这就是流动性风险。在货币市场上，美元和欧元这种主要货币的流动性风险最低；在股票市场上，蓝筹股公司的流动性风险最低。蓝筹股公司是指大型的、知名的老牌公司。另外，因为潜在客户少，那些在全球只有少数客户使用的资产可能流动性风险会很高。

违约风险

违约风险是指公司没有对债权人履行到期债务的风险。请记住，一个公司不一定必须对其投资者违约才可能受到违约风险的影响。只要财务状况可能恶化或者发展出现问题，都足以给投资者造成损失。由于认为违约的可能性会增加，投资的必要收益也会增加，从而导致投资价格会下降。如果你持有该资产，你必须愿意以更低的价格出售，以此说服别人购买这个风险更大的资产。新买家只有觉得在不违约的情况下，自己的回报可能更高，才会愿意购买。

风险防范措施

到目前为止，我们只从概念的角度讨论了不同类型的风险。但是风险管理对金融专业人员来说是一个非常重要的职能。如果我们能够对风险进行量化，那么我们就可以更有效地对事情进行控制。由于风险类型不同，管理风险的方法也各不相同。不过接下来，我们讨论两种使用最广泛的衡量方式：标准差衡量总风险；β值衡量系统风险。

标准差

你可能学过如何计算标准差，为了唤醒你的记忆，我会给你举个例子。假设你要投资某一股票，并计划持有一个月。你发现 AAA 股过去十个月的月收益分别为1%、0%、3%、2%、1.5%、-1%、2.5%、3%、-9%、2%。该股的平均月收益为0.5%。如果一个投资者投资该股，并问你最多能赚多少，你的回答可能是，也应该是0.5%。然而，你很清楚投资者在这个月里赚的会比0.5%多或少。事实上，你也注意到，虽然平均收益（又称为预期收益）为0.5%，在这过去十个月内，AAA 股从未达到0.5%的收益。不过你也不用担心，做猜测目的就是让事实尽可能地与猜测相符。猜测并不是为了确定确切的收益率，这也是平均收益率又称为预期收益率的原因。

一旦投资者知道了预期收益，他就会想知道实际收益比预期收益多还是少。为了对比，我们选定另一股——BBB 股。该股过去十个月的收益分别为：0%、1%、1%、2%、0%、1%、-1%、0%、0%、1%。这只股票的平均收益也是0.5%，但是显而易见，该股的实际收益率与预期收益率的差距比上一只股票小得多。标准差则是让投资者知道实际收益率与预期收益率会相差多少。

你可能会认为，找到预期收益与这十个月来的实际收益之间的差额，然后再找出平均值算出实际收益与期望值相差多少，就能很容易地解决这个问题。糟糕的是，平均差异总是为零，所以这个方法没有用。正偏差和负偏差最终总会互相抵消。你可能想在计算平均偏差时忽略符号，这样平均值就不会为零，你也就能得知实际偏差多少了。事实上，你得到的是统计学中所说的平均绝对偏差。但是，标准差更好一些，因为人们往往害怕那些少量的大偏差，并且对其更加关注，不会留意那些小偏差。标准差采用的是平方数。这有两个好处：第一，负号可以抵消（负负得正）。第二，偏差的平方使更大偏差值的观察影响比其他的值的观察影响大得多。你要知道，3 的平方是 9，整整是 1 的平方的 9 倍。因此，正常来算，3 的偏差对平均差的影响程度相对于 1 来说是 1 的 3 倍。但我们在使用平方差时，3 的偏差就是 1 的 9 倍了。这种对离群点的加权类似于人们对事物的记忆与反应。人们记得坏事发生在哪一天、哪一月甚至哪一年，并且给这段经历很大的记忆负担，这些是基础数学无法计算的。因此，标准差比平均绝对偏差更能引起人们对风险的觉察。只要将每个观测的平方偏差相加，再除以 $n-1$（即观察次数减去 1），就能得到平均平方差。除以 $n-1$ 而不是 n，是有统计学意义的，但是只要你知道你总是在找接近平均平方差的东西，这就不值得细究。最后，取平方差的平方根，求出标准差，从而对这些数据做出解释，并获取数据含义。

我在下面展示了 AAA 股的计算过程（见表 4.1）。正如之前得出的结果，平均差总是零。标准差是平均平方差的平方根（请注意，求平方差的平均值是除以 $n-1$ 而不是 n），求出的结果是 3.57%。3.57%是什么意思呢？这意味着 AAA 股在 68%的情况下，月收益在-3.07%（0.5%-3.57%）和 4.07%（0.5%+3.57%）之间；该股在 95%的情况下，月收益在7.64%（0.5%+2×3.57%）和-6.64%（0.5%-2×3.57%）之间。你可能在想我是如何求得这个结果的。因为上千年来我们发现，自然发生的事情都遵循钟形曲线。当事情发生在钟形曲线正态分布图的68%的范围内，他们接近平均值，在中点的一个标准差内。在大约95%的范围内，事情会足够接近平均值，也就是说，他们将不超过中点的两个标准差。在我们的例子中，标准差是3.57%，两个标准差就是7.14%，用中点0.5%加减7.14%，在正态分布图的95%范围中，确定事情下降的范围。投资者了解这些范围就能知道收益是好是坏。

表4.1　AAA股的标准差计算过程

月份	X	偏差	偏差的平方
1	1.00%	0.50%	0.000 025
2	0.00%	-0.50%	0.000 025
3	3.00%	2.50%	0.000 625
4	2.00%	1.50%	0.000 225
5	1.50%	1.00%	0.000 100
6	-1.00%	-1.50%	0.000 225
7	2.50%	2.00%	0.000 400
8	3.00%	2.50%	0.000 625
9	-9.00%	-9.50%	0.009 025
10	2.00%	1.50%	0.000 225
总计	5.00%	0.00%	1.15%
平均值		0.50%	
总计 / n-1		0.001 278	
平方根		3.57%	

标准差是用来衡量总风险的量。前面说过，总风险是系统性风险和非系统性风险的总和。成熟的投资者通常会进行多样化投资，如债券、股票、房地产、收藏品、货币等。他们在一种投资类型中，往往会投资

不同的证券以及不同的行业。例如，在一个多样化的投资组合中，可能包括60%的股票、30%的债券、10%的房地产。股票投资可能包括不同行业的20多种股票；债券可能有不同的期限；房地产投资可能遍布不同省份和不同国家，既可以包括商业用地，也可以包括住宅用地。多元化投资组合是为了避免非系统性风险。这又是什么意思呢？举个例子，如果你买了几家公司的股票，因为这些公司会有好事发生，例如打赢官司、获食品药品监督管理局批准、出台有利的新规定、发布突破性的产品、被竞争对手高价收购等从而你会获得一些正收益。同时，一些公司可能会发生工会罢工、高管人员解雇或死亡、诉讼带来损失、产品失败、不利的新规定出台等，而此时的收益为负收益。通常一些股票的负收益和另一些股票的正收益相抵消。总的来说，由于种种事件的发生，即使进行了多元化投资，投资者也不会看到他的投资收益有多大变化。我们作为投资者，利用多元化来避免非系统性风险是值得的。投资者不会因为高非系统性风险而得到高预期收益。你可能听过“没有付出，没有回报”“高风险，高利润”之类的话，说明投资者想要获得高收益就要承担高风险。但是对于风险较高的非系统性风险来说，情况并非如此。设想一下，杰克和蒙蒂都在投资DDD股。杰克选择多样化投资组合。DDD股总风险很高，主要是因为该公司在所在行业受到监管，需获食品药品监督管理局的批准才能推行产品。蒙蒂没有其他投资，他发现DDD股风险极高，因此他希望DDD股的预期收益至少达到18%。而杰克知道监管对于DDD股造成的影响是双面的，既可以是积极的也可以是消极的。而且，DDD股下跌时，杰克投资组合中的其他公司股价可能正在上涨，因此，杰克觉得DDD股风险不算高，收益率能达到12%也是不错的。现在请记住，DDD真实股价不会发生改变，不论是杰克买了还是蒙蒂买了，也不论是买了10美元或20美元。该股的股息是完全相同的。此外，股票未来的出售价格与卖家的股份和购买的数量无关。因此，杰克的必要收益较低，他可以在价格相对较高时买入这只股票；而蒙蒂除非愿意以12%的预期收益购买该股，否则购买价格不会与杰克一样。如果蒙蒂想购买这只股票，他要承担非系统性风险，并且预期收益不会增加。这就是为什么我们常说，即便承担了非系统性风险，我们也不会获得相应的补偿。

资本资产定价模型和β值

由于投资者只有承担系统性风险才会获得赔偿，我们将重点关注如何衡量系统性风险。顾名思义，系统性风险是指一项投资的不确定因素，且不能分散该风险。经济发展起起伏伏，所有的投资都会受到影响，每一笔投资都要承担这种风险。你在自己投资组合中投资1只股票或500只股票都不重要，因为所有投资组合的价值会随着经济、地缘政治和其他事件的变化而变化。我们通过计算一项投资的β值来衡量该投资的系统性风险。β值反映的是投资价格在整个市场中的变动程度。例如，我们要计算EEE股的β值。我们要观察EEE股过去365天的每日回报率以及标准普尔500指数（简称标普500指数）的每日回报率，并进行EEE股对标准普尔500指数的回归分析。假如我们得到了方程：EEE股的收益率=0.3+2倍标普500指数收益率。这说明，EEE股的股价平均走势是整个市场的2倍。这里数字2就是β值。EEE股受到现行市场动态的影响较大，所以系统性风险相对较高。因此，投资者希望以较低的价格购买，导致该股的预期收益变高。换个角度，如果一只股票的β值是0.5，该股的股价走势仅为市场的一半。投资者会因为较低的系统性风险更愿意购买这只股票，从而股价会被抬高，最终导致该股预期收益变低。

资本资产定价模型在金融界被广泛应用。根据资本资产定价模型，一只股票的预期收益等于无风险利率加上该股的β值，两者的和再乘以市场风险溢价。市场风险溢价是指市场预期收益率与无风险利率之间的差额。例如，20年期的政府债券的预期收益是4%（无风险利率），标准普尔500指数的预期收益率是12%。这意味着，投资者需要额外获得8%的无风险利率才会愿意承担这些市场风险。投资时，一方面人们都知道总有可能会赔钱；另一方面，人们又认为投资政府债券不会有风险。根据资本资产定价模型，EEE股的预期收益为20%［4%+2×(12%-4%)］。投资者会认为自己已经赚了4%，而且还不用承担任何风险。如果承担市场风险，投资者预计能赚到8%以上。现在，EEE股具有的风险是市场的两倍，这个投资者应该得到市场风险溢价8%的两倍，也就是4%+2×8%=20%。如果基于目前的价格和预期现金流，EEE股的预期收益率并没有达到20%，投资者就不想购买。该股的需求量就会下降，从而引起价格下跌，直至预期收益增至20%。该股的预期收益为20%，不代表投资者第二年实际会赚到20%的股票收益，只能说明这些投资的平均收益为20%。任何一年，股票收益都在这个数值上下浮动。

第五章　货币的时间价值

不可否认，货币的时间价值是金融中最重要的概念之一。前面的章节中曾提到，如果一个人今天向你借了 1 000 美元，并承诺一年后偿还你 1 000 美元，即使他会还给你同样的金额，你实际上还是会有损失。这意味着一年后 1 000 美元的价值并不等同于今天 1 000 美元的价值。当你无法理解为什么两个相同的数值具有不同的价值时，这就是一个非常大的问题。价值 1 000 美元的东西在不同环境下并不等值时，你是不能简单地将数字进行相加、相减或者相互比较的。所以，面前最大的问题就是，你朋友一年后要还你多少钱，在帮助他的同时你还不会遭受损失。在生活中，我们当下做出的许多决定，比如某一次消费或投资，都期望在未来获得回报。除非我们能找到一种方法来比较在不同时间点花费和收到的金额，要不然想持续做出正确的决定是十分困难的。

在这一节中，我们将制定一个方案，比较在不同时间点产生的现金流，并在这些现金流之间建立等价关系。幸运的是，我们知道即使今天的 1 000 美元与明天的 1 000 美元不一样，而且它们是通过利率概念联系起来的，当你以 10%的利率把 100 美元存入银行时，你的行为基本上可以表明，对于现在的 100 美元还是一年后的 110 美元你都并不是那么在乎。这就是说，现在的 100 美元和一年后的 110 美元对你来说是一样的。一旦我们为个人或实体建立起这种等价关系，很多事情就可以解决，并做出正确决策。也就是说，今天的 1 000 美元与一年后的 1 000 美元价值并不相同，但与一年后的 1 100 美元价值相同。因此你的朋友借了你 1 000 美元，一年后应该支付你 1 100 美元，这样你才能不赔不赚。

复利、年利率和实际年利率

还是上述的场景，不过此时你的朋友向你借两年，而不是一年，他到时候应该还多少钱你才能保证不亏钱？人们可能会得出这样一个结论，因为一年期贷款需要多付10%的钱，所以两年期贷款应该多付20%（10%×2）。可惜，这种想法是错的。原因如下：我们把时间记为t，当前的时间即为$t=0$，一年即为$t=1$，以此类推。因为利率是10%，当$t=0$时的1 000美元与$t=1$时的1 100美元价值相等。如果你的朋友贷款两年，就好比，他在当$t=1$时还你的钱，而把所有的钱再借去一年。所以他在当$t=1$付给你1 100美元，然后马上从你那里又借1 100美元，为期一年。现在当$t=2$时，他需要在当$t=1$时的1 100美元贷款的基础上多付10%。这意味着他要还你1 210美元。如果我们将$t=2$的1 210美元与$t=0$时的1 000美元进行比较，此时的利率为21%，是比20%要高的。正是因为复利才会有这样的结果。

复利是指贷款的利息在某一时刻成为本金，从而在一段时间内产生比其他时间更高的利息的过程。上述例子，在$t=1$时，额外支付的100美元，是由于原本1 000美元贷款产生的10%的利息，在第一阶段结束时成为本金。这就是为什么第二年你的朋友不仅要支付1 000美元贷款的10%的利息，还要支付第一年100美元利息的10%。因此，他必须支付第一年的100美元利息（1 000美元的10%）和第二年的110美元利息［（1 000+100美元）×10%］的利息。

在上述例子中，利息在一年后成为本金。这就是年复利，但这并不意味着复利的过程必须是一年才能进行一次。银行已经把这个概念进一步细化，现在通常以半年、季度、月度以及天这样的时间间隔进行复利。我们还是来举个例子，如果你从银行获得100万美元的贷款，月利率（而不是年利率）为10%，你在第一年年末要还104 713美元的利息，而不是100 000美元（100万美元乘以10%）。正如你所猜想的那样，和你把钱存入银行时相比，当你向银行借钱时，银行更有可能会使用频率更高的复利利率。

随着每年复利的频率从年复利增加到日复利，你最终偿还的利息也随之增加。在上述例子中，即使银行可能强调利率报价是10%，但你实际偿还的是10.47%的利息。10%称为年度百分比利率（APR）。利率可以是每日、每月、季度或任何时期，但APR总是按年计算的。2.74%的日利率将意味着APR约为10%（2.74%×365），但有效支付或获取的是10.47%。10.47%称为有效年利率（EAR）。现在让我们来看看如何得到上面这些数字。

现金流时间轴

首先，我将介绍一种常用于计算货币时间价值的工具。在处理不同时期相关的现金流量时，我们可以将它们绘制成后文中的时间轴，以便我们能够更好地可视化分析。假设你的朋友告诉你，他可以在接下来的5个月里每月付你100美元，在6月末付你200美元。你也想弄明白在利率为每年12%的情况下，你现在能借给他多少钱。你首先要弄清楚的是在当前形势下多长的利率周期是合适的。在这种情况下，最小的相关周期是一个月。周期长度决定后，你需要计算每个周期的利率。年利率是12%，这意味着每月的利率是1%。最后，你可以画一个时间轴（图5.1），水平线下面的数字指的是时间段；0表示现在，1表示第一个周期（1个月）结束的时间，依次类推；水平线上方的垂直线表示正现金流，而下方的垂直线表示负现金流。未来你收到的钱是正的现金流。今天你借给你朋友的钱将离开你的口袋，因此代表负现金流。只是为了便于可视化分析，我更喜欢使用短的垂直线表示较小的现金流，而长的垂直线表示较大的现金流。

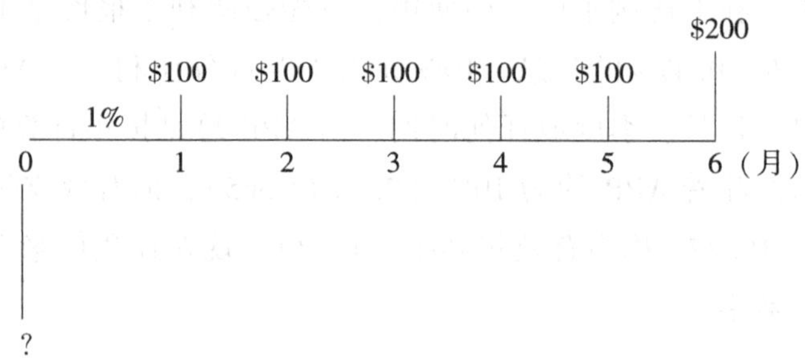

图5.1　周期长度为月的时间轴

在上面的例子中，利率是按年计算的，但我们选择月份作为相关期间。现在让我们以年为相关周期画一个时间轴。举个例子，你已经以12%的利率从银行借了1 000美元，并且正在试图计算5年后你需要偿还多少钱。你可以画出下面的时间轴（图5.2）。

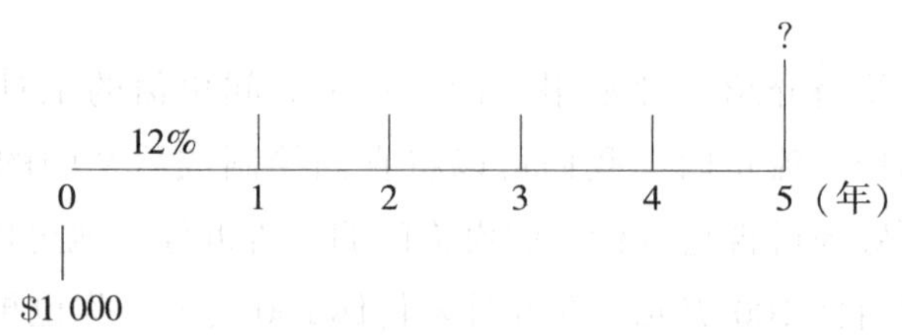

图5.2　周期长度为年的时间轴

值得注意的是，在上述情况下，我们把周期长度设为年。即使现金流是在 5 年之后发生的，利率也是按年计算的。当一段时间内没有现金流发生时，它被视为零现金流。因此，在上述情况下，1 至 4 年期间的现金流将为零。

当前价值和未来价值

接下来让我们一起来进行一些实际情况下的计算，并为大家介绍相关术语。货币时间价值的基本公式是 $FV=PV\times(1+r)^t$。在本章中我们只讨论这一个公式，因为其他公式背后的逻辑与这个公式的逻辑是相同的。请记住，处在不同时期的资金是不具有直接可比性的。因此，为了解决这些问题，我们必须进行一些转换。就像你有 1 个苹果、2 个香蕉和 5 个橘子。有人用 1 个菠萝跟你进行交换。你将如何做出决定？你不能仅仅说 1 个菠萝换其他 8 个水果，这样不能直接交换，因为不同的水果不具有直接可比性。通常你要做的是考虑这些水果的价值。比如，1 个苹果价值 1 美元，2 个香蕉值 0. 50 美元，5 个橘子值 1 美元。所以这 8 个水果一共值 2. 50 美元。如果你认为菠萝价值超过 2. 50 美元，那么这笔交易对你是有利的。

同样地，当各现金流处于不同时期时，我们可以把它们当作不同的水果。为了能够对这些现金流量进行加减，就像我们把水果转换成一个共同的基数（以美元计算的价值）那样，我们需要对一些现金流量进行转换，以便把不同时期的现金流进行比较。同一时期的现金流是可以进行比较的，我们可以对其直接进行任何数学运算。因此，我们需要把不同时间段现金流转换为特定时间段的现金流。上述公式中的 PV 代表当前价值，是指与前期时间相关的现金流。FV 代表未来价值，是指与后续时间段相关的现金流。r 代表利率，t 指的是早期现金流 PV 和后期现金流 FV 之间的周期数。我们使用上文提到的这个公式，可以让这一切过程变得更加清晰。

让我们再来看看你以 10%年利率借给你的朋友 1 000 美元的例子。我们知道，你的朋友在两年后需要支付你 1 210 美元。现在，如果我们使用公式，你今天借出的钱是早期的现金流 PV。r 是 10(10%)，因为后来的现金流发生两年后，t 是 2。请注意，这种情况下的周期是年，因为利率是按每年 10%来算的，因此 t 必须以年为单位。目标是计算出你的朋友在两年内要还你多少钱，这样你就可以得到与今天 1 000 美元相同的价值。利用该公式得到 $FV=1\ 000\times(1+0.10)^2=1\ 210$。这告诉我们，如果利率是每年 10%，那么现在的 1 000 美元与两年后的 1 210 美元是一样的。

一旦我们熟悉了这个概念，我们就可以利用这个公式来回答下面这样的问题，如“如果我两年前存入账户的 1 000 美元今天能得到 1 210 美元，我赚了多少利息”“如果利率是每年 10%，我该等多少年，存入账户的 1 000 美元才值 1 210 美元”，或者“我该存多少钱？如果利率是每年 10%，那么两年后就有 1 210 美元了”。如果用这个公式来计算时间，过程相对复杂一些。因此，我们将不再使用该公式，改用 Excel 函数。请注意，Excel 函数基本上只是为了求解上述公式并得出答案。

年金和期初年金

现在让我们思考另一种情况。你将在未来 12 个月每月节省 100 美元，并将它们存入你的银行账户，每年的利率是 12%（即每月 1%）。记住，此时你必须以月为单位来考虑此次事情，因为现金流每月都不同。如果你想知道你储蓄的钱在 12 个月后到底值多少钱，请参考下面的时间轴（图 5.3）。

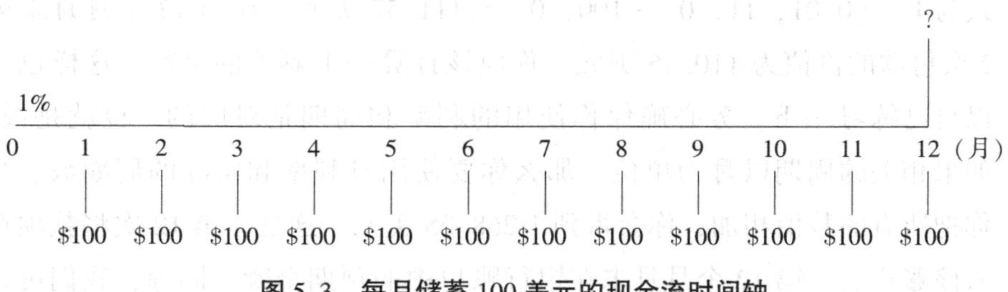

图 5.3　每月储蓄 100 美元的现金流时间轴

一种计算方法是单独考虑每笔支付。你可以从第 1 次付款开始，计算出 11 个月后的 FV（t 将是 11 个月，因为你在第 1 个月末把钱存入账户，当存入最后一笔款项时，那时是 12 月）。你可以在第 2 次付款 10 个月后得出 FV 值，以此类推。你计算的所有 FV 都是指 $t=12$ 时每次付款的价值。因为它们现在是处于同一个时间段，你可以把它们加起来。最终答案就是你在第 12 个月月末的账户余额。显然，这个计算过程是复杂的。但是，现在你可用一个公式和一个 Excel 函数就很容易地解决这件事。每当在相同时间段都会有等额的现金流时，此时的现金流称为年金，也就是上文中被称为 PMT 的货币时间价值。让我们举例说明如何使用 Excel 公式 FV（利率，NPER[①]，PMT，PV，类型）来解决上述问题。我

---

① NPER，总投资期权。

们用这个公式求出 $t=12$ 时，所有存款的价值。利率为 0.01 代表 1%。即使利率是每年 12%，相关的时间周期是月份，因此我们需要使用每月利率。NPER 是 12，因为付款次数为 12，PMT 为-100。负号代表你把钱存入账户（也就是说，它正在离开你的口袋）。当钱流入你的口袋时，现金流是正值。PV 等于零，因为在最开始的时候（$t=0$）没有现金流发生。类型值为零，表示现金流在每个时期结束时发生。当年金的现金流发生在每个周期的开始时，被称为期初年金，我们在 Excel 公式中通过将类型值设为 1 来表示。

在上述例子中，如果我们要计算 12 月末第 1 次付款的价值，计算方式为 FV（0.01，11，0，-100，0）= 111.57 美元。在第 12 个月月末第 2 次付款的价值为 110.46 美元。你应该计算一下剩下的金额，这样也可以自己练习一下。务必确保你使用的利率和周期是对应的。也就是说，如果相关的周期以月为单位，那么你要使用月利率和实际的周期数。当你把所有的数值相加，你会得到 1 268.25 美元。这是你第 12 次将款项存入该账户后，第 12 个月月末在银行账户中的预期金额。同理，我们可以用公式 FV（0.01，12，-100，0，0）直接算出 1268.25 美元。此时，我们可以通过把 PMT 的值设为 100 算出年金的价格。值得注意的是，如果你把支付额写成+100，答案是正的，如果你把支付额写成-100，答案是负的。这基本上意味着，如果 100 美元的付款离开你的口袋，以后你将直接获得更大的一笔钱。同样，如果你每隔一段时都获得 100 美元，最终你也会偿还更多的钱。

到目前为止，我们只计算了 FV。为了解释得更清楚一些，我们可以计算一下类似情况下的其他变量。比如说，我们在第 12 个月月末需要 2 000 美元，如果年利率是 12%，那么我们每个月需要存多少钱呢？你可以通过计算 PMT（0.01，12，02000，0）得出 157.7 美元。这就告诉我们，我们需要每月存约 158 美元才能实现这个目标。现在我们在第 12 个月月末需要 2 000 美元，每月计划存 100 美元，连续存 12 个月，利率是每年 12%，为了实现这一目标，你现在应该立马往银行里存一笔钱，但应该存多少呢？为此，你可以计算 PV（0.01，12，-1002000，0）得出 649.39 美元，这意味着如果你今天存约 650 美元，以后 12 个月每月存 100 美元，在年利率为 12%的情况，你可以在第 12 个月月末存下 2 000 美元。再举个例子，如果你未来想要 2 000 美元，但是现在没有钱，最多每月可以存 100 美元。在利率是每年 12%的情况下，你需要多少个月才能存下 2 000 美元？通过计算可得出 NPER（01，-100，02000，0）= 18.32。这意味着你得存 18.32 个月，你才能存到 2 000 美元。我们还知道，18.32 代表 18.32 个月而不是 18.32 年，因为我们在 Excel 函数中使用 1%的月度定期利率和 100 美元的月度分期付款。再怎么强调也不为过的是，无论何时你计算货币的时间价值，利率、付款和周期数都应该与相同的周期长度相关联。最后，假如你的朋友已经存了 12 个月，每月存 100 美元，现在他的账户里有 1300 美元。你想知道银行付给他的利息是多少。你可以通过 RATE（12，-100，01300，0）计算得出 1.44%，从而得出年利率为 17.32%（1.44%×12）。

我们早些时候就已经就年金问题进行了讨论。在上述所有计算中，定期付款是在这一时期结束时进行的。然而，在某些情况下，付款发生在开始的时期，例如支付租金。假设你的房东给你两个选择，要么预付一年的租金 13 600 美元，要么在每个月初支付 1 200 美元。为了做出正确的决定，你应该计算每月支付的 PV（0.01，121 200，0，1）= 13 641.15 美元。Excel 函数中的最后一个 1 表明 Excel 中 12 次分期付款分别发生在周期开始时而不是结束时。而这个答案表明你最好支付 13 600 美元，而不是在每个月初支付租金。反之，如果租金在每个月末支付，你计算租金为 PV（0.01，121 200，0，0）= 13 506.09 美元。在这种情况下，最好每月支付租金，而不是一次性支付 13 600 美元。

你也可以用不同的方式来解决租金到期的年金问题。你可以把问题看成是下面的时间轴（图 5.4）。鉴于第一个月月初 1 200 美元的价值在

$t=0$ 时的价值就是 1 200 美元，我们先不必纳入计算。其余 11 个月的付款就像是 11 个定期年金。我们可以计算它们在第 12 个月月末的总价值为 PV（0.01，111 200，0，0）= 12 441.15 美元。然后，我们可以简单地将月初支付的 1 200 美元添加到其余 11 笔支付的 PV 中，得到 13 641.15 美元。毫无疑问，这样计算出的 PV 和我们之前的计算结果一样。

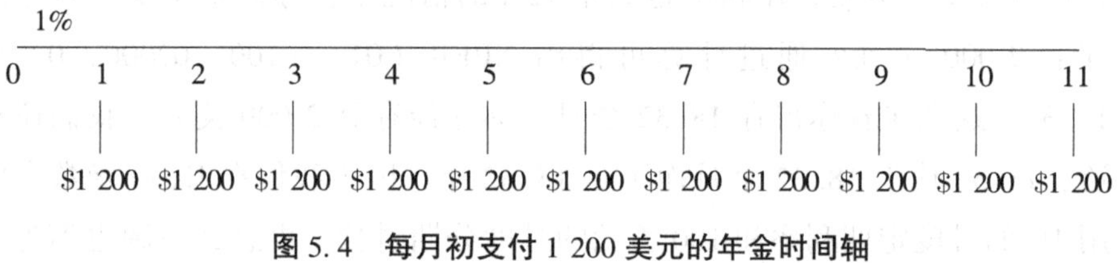

图 5.4　每月初支付 1 200 美元的年金时间轴

永续年金

有时你可在固定时间持续获得现金流，且没有截止日期。由于这些现金流在本质上是无限的/永久的，因此被称作永续年金。处理这种情况其实比人们想象的要容易得多。比如说，你中奖，每月可获得 100 美元，如果利率是每年 12%，你到底中了多少钱？答案是 10 000 美元。你可以通过现金流量除以定期利率算出永续年金的价值（100/0.01）= 10 000。在这种情况下，由于每月获得 100 美元，相关周期是月。因此，我们以 1%的利率计算永续年金。现在让我们想想，即使你可以永远获得报酬，最终为什么只能获得 10 000 美元呢？其逻辑如下：如果你把 10 000 美元存入一家每月支付 1%利率的银行（即年利率 12%），你将永远每月得到 100 美元，直到你取出 10 000 美元的本金。因此，每月获得 100 美元和今天的 10 000 美元没有区别。它们的价值相同。因此，你今天彩票奖金的价值是 10 000 美元。

债务和股权

到目前为止，我们已经多次使用“债务”和“股益”这两个词。我们或许已经对这些概念有所了解，但是从学术角度来理解这些概念对我们也是很有帮助的。这些词不仅在商业环境中使用，而且在人际交往中也经常使用。当你现在或将来某个时间点有义务向债权人偿还债务时，这意味着你身负债务。

如果你不偿还债务，债权人可以把你告上法庭，并强制你还钱。你可能会因此被迫破产，你的所有资产被用来偿还债务。不过债权人面临的不付款风险较低，因为他们可以在债务协议中签署相关条款来保护自己的权益。此外，法律规定，债务人在破产或倒闭的情况下，应优先支付债权人。另外一个原因是，如果债务人获得大量利润，债权人是不能进行分红的，他们最多只能得到自己的本金和利息。

股权是指个人或实体向某公司投资，但该公司没有义务返还的资产或资金。股东无权控诉该公司，无权要求偿还投资资本或索取任何回报。股东可以投票表决并同意任何决定，但少数股东不能强迫公司退回资本。而债权人可以要求公司到期付款，并可以因为公司违约而将其告上法庭。公司偿付债务后，剩下的就是股权，它属于公司和股东的。股东所承担的风险最高，因为公司在破产或倒闭的情况下，他们是最后得到偿付的人。不过，如果事情进展顺利，他们也可以分到公司获得的财产。

第六章　资金预算工具

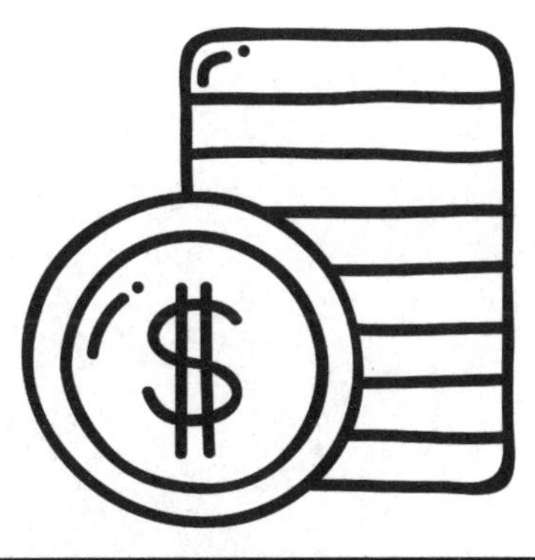

我们在前面提过，资金总是有成本的。因此，合理地使用资金很重要。无论出于何种目的投资何种项目，公司均需要获取足够的收益才能证明资金运用是合理的。资金管理人员通常一开始有好几个想要投资的项目，但可用资金有限，只能投资其中部分项目。所以需要根据每个项目相关的风险和潜在收益来合理决策具体投资哪些项目。在这种情况下，我们经常使用一些资金预算工具来帮助我们决策。

偿还期

采用偿还期来判断项目是否值得投资是使用最广泛的资本预算方式之一。企业主常常想弄清楚，他们需要多长时间才能收回在一个项目上的投资。他们通常会预设一个偿还期或总结一个经验法则，比如“一个项目在三年后能收回成本才值得投资”。如果一个项目需要 200 万美元的投资，预计第一年回报为 25 万美元，第二年回报为 50 万美元，第三年为 100 万美元，第四年为 100 万美元，那么偿还期是 3.25 年。该项目在头三年可偿还 175 万美元，由于第四年的收益为 100 万美元，则需要将前 3 个月（即一年的四分之一）的收益，用来偿还 200 万美元投资中剩余的

25 万美元。在我们的例子中，如果以 3 年偿还期为衡量标准，企业主将不会投资这个项目。然而，采用该方式忽略了几个主要问题。第一，该项目因为超过了 3 年偿还期所以不会获得投资，即使该项目第四年能带来巨量的现金流，投资者也不会考虑偿还期之后的现金流。第二，偿还期是凭个人经验任意选定的，背后并没有合理依据。为什么偿还期应该是 3 年而不是 5 年或者仅仅 1 年呢？第三，偿还期没有考虑各个项目各自的风险等级。第四，该方式认定了偿还期前的所有现金流都具有相同价值。这一工具完全忽视了货币的时间价值。这个工具被广泛使用是因为操作起来简单方便，可以直接告诉投资者是否需要进行投资。我建议尽量不要使用这个工具。像偿还期一样，还有其他几个财务决策方式考虑问题都不全面，因此在此章不讨论这些工具，只关注以下这些更稳健的决策方式。

净现值

使用最广泛的财务决策工具是净现值（NPV）。投资一个项目就像买一袋大米。例如，你可以花 4 美元买一袋 20 公斤的大米。问题是你是否应该接受这笔交易。如果你认为这袋大米值 5 美元，那么你应该接受这个交易。因为一旦你买了这袋大米，你的财富就会增加 1 美元，也就是收益比交易成本多 1 美元。反之，如果价值低于 4 美元，你不应该接受交易，因为成本超过了大米的价值。在利用项目的 NPV 做决策时，也使用了相同的逻辑。NPV 是计算项目的收益和成本之间的差额的。正净现值表明投资该项目将可以给你带来收入，若是负值，则代表你会亏损。

计算 NPV 时需要计算出所有与项目相关的现金流的现值。成本视为负现金流，收益视为正现金流。根据项目相关现金流的风险度调整的资本成本被用作现值计算的利率。所有现值之和就是项目的净现值。企业可以接受零净现值或正净现值的项目。

我们可以通过一个例子来进一步了解 NPV。AAA 公司计划向市场推出一种新产品。在 $t=0$ 时，该项目将需要 200 万美元的初始投资。该项目第一年将产生 20 万美元的正现金流。在计算这一现金流量时，除利息费用外，所有实际的现金收入和费用都要入账。未来几年的现金流将分别为 50 万美元、80 万美元和 100 万美元。这个项目只有四年的寿命。该公司的加权平均资本成本为 12%。考虑到这个项目比公司项目平均的风险要高一些，故将 NPV 计算的贴现率向上调整了 2%~14%。项目的时间轴如图 6.1 所示：

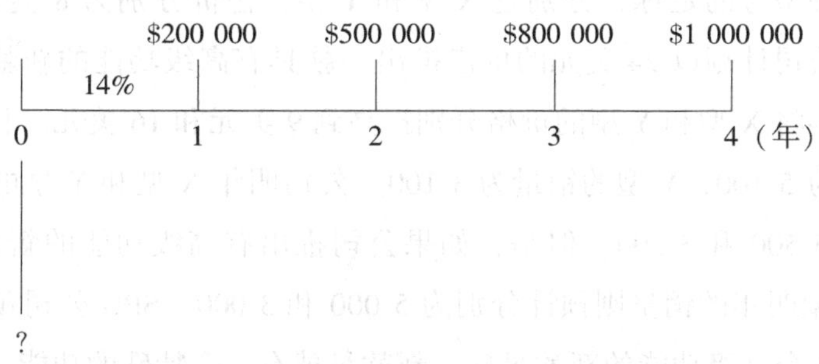

图 6.1　AAA 公司新项目未来四年现金流时间轴

然后，我们可以使用Excel公式NPV(0.142 000 005 000 008 000 001 000 000)= 1 692 230 来计算从时间 $t=1$ 到 $t=4$ 的所有现金流在 t=0 时的现值。由于该项目目前的成本为 200 万美元，因此该项目的净现值为 1 692 230－2 000 000=－307 770（美元）。这表明公司不应该接受这个项目，如果接受这个项目，公司的价值将减少 307 770 美元。

NPV 最适合作为资本预算决策工具，因为它满足了一个健全的财务决策工具的所有要求。它包括所有的现金流、现金流的风险，以及货币时间价值。NPV 的先决条件也设置得非常合理，不依赖于任意的截止点。决策者可以通过该工具明确知道是否应该投资某项目，并能够清楚地了解到做出决策会对资金造成什么样的影响。

为了进一步分析，现在让我们来讨论一些在计算现金流时所涉及的几个重要概念。在上面的例子中，我们给出了一些数字，比如 200 万美元的初始投资和第一年 20 万美元的正现金流。然而，在现实生活中，这些数字从何而来？你在分析时必须通过计算得出这些数据。有一些基本的规则需要遵循，以确保你的分析能引导你做出正确的决策。首先，分析中我们只需要用到相关的现金流。这个表述看起来好像很简单，但这恰恰是许多人弄不明白的地方。

让我们举个例子来详细说明。SPG 是生产足球的公司。目前，它只生产两种型号的足球，分别是 X 型和 Y 型，售价分别为 8 美元和 15 美元。该公司计划以 24 美元的价格推出一款具有高级功能的新款足球，并计划明年将 X 型和 Y 型的价格分别提高到 9 美元和 16 美元。目前，X 型的销量为 5 100，Y 型的销量为 3 100。公司明年 X 型和 Y 型的销量预计分别为 5 500 和 3 300。但是，如果公司推出有高级功能的新款足球，X 型和 Y 型明年的销量则预计分别为 5 000 和 3 000。SPG 公司预计明年将售出 700 个高级功能的新款足球。新款足球有一个特殊的功能，可以告诉用户足球是否需要充气。要使用这个功能，需要购买贴纸。该公司预计，70%的用户会以每件 5 美元的价格购买这种特殊贴纸。X 型、Y 型和高端新款的生产成本分别是 5 美元、10 美元和 15 美元。制作这种贴纸的成本是 1 美元。该公司花 2 000 美元请了一位顾问，请他预计明年不同型号足球的销量。现在让我们分析一下这个项目。我们首先需要明确分析的目的，即公司是否要推出这款高端新款。

相关现金流

只有当公司决定进行项目时会发生变化的现金流才与决策分析有关。如果某个现金流不会因为做项目或做决策发生变化，那么它与本次决策分析无关。例如，SPG 公司每年付给工厂主管人员 6 万美元。这对公司来说是一个负现金流。然而，这与我们的决策分析无关，因为无论公司是否推出高端新款，主管都将继续受雇并得到相同的报酬。因此，在计算相关现金流量时，我们要完全忽略这些信息。但是，由于生产高端新款生产线需要增加额外的工作，主管预计每天多工作半小时。因此，如果公司决定推出高端新款，该主管每年将获得 65 000 美元报酬。在这种情况下，额外的 5 000 美元就属于相关现金流量，并将作为 5 000 美元的负现金流量列入分析。同样，目前 X 和 Y 两种型号的销量分别为 5 100 和 3 100 的情况也与此次分析无关。无论公司是否决定推出高端新款，目前的销量都不会改变。

沉没成本

有时候，一个公司在对项目的适用性进行分析之前就已经花了一些钱。一旦钱花了，它就变成沉没成本。沉没成本不包括在决策分析中，因为它不再与决策相关。无论公司是否接受这个项目，钱都已经花了，不会改变。就 SPG 公司而言，该公司已经向顾问支付了预测费用。现在无论公司是否决定推出高端新款，支付给顾问的 2 000 美元都不会改变，这是沉没成本。因此，这 2 000 美元将不包括在 NPV 分析中。

副作用

当 SPG 公司推出高端新款时，它将使 X 型和 Y 型销量受到冲击。X 型和 Y 型足球预期销量下降量与分析有关。如果 SPG 公司不推出高端新款，X 型和 Y 型明年的利润预计为 41 800 美元［5 500×(9−5)+3 300×(16−10)］。然而，如果推出高端新款，则 X 型和 Y 型的利润预期为 38 000 美元［5 000×(9−5)+3 000×(16−10)］。3 800 美元的利润差与决策分析有关，需要包括在内。这种由于新产品的推出造成现有产品销量下降的现象就是所谓的副作用，并且是与决策相关的，因为如果不推出新产品，现有产品的销售就不会下降。请注意，X 型和 Y 型的当前价格分别为 8 美元和 15 美元，这与分析无关，因为无论公司是否推出高端新款，价格都会上涨。

另外，新产品相关的零部件销售与相关的利润增长都应纳入本次分析当中。在这种情况下，该公司预计每张贴纸赚取 4 美元的利润，并预计在第一年销售 490 张贴纸（占 700 张的 70%）。对于第一个年度来说，来自零部件（贴纸）的 1 960 美元（490×4）额外利润是相关的现金流，需要纳入分析。

初始现金流量

通常情况下，设备投资是包含于传统项目的初始现金流当中的。设备的配送和安装费用都应该包含在内。设备总成本（包括配送和安装费）才是项目后期折旧计算的基数。假设 SPG 将投资 10 万美元购买新设备，配送和安装将花费 1 万美元。

运营资金的变动

当一家公司向市场推出新产品时，其净营运资本（NWC）通常会增加。这是因为公司必须以原材料、未完成的产品和成品的形式为新产品保留额外的库存。此外，新产品的很大一部分销售可能是以赊账的形式购买的，这将增加应收账款。与此同时，应付账款也可能增加，从而抵消了与存货和应收账款增加有关的 NWC 的部分但并非全部抵消。因此，

NWC 的增加通常包含在与项目相关的初始成本中。一个项目的生命周期通常认为是固定的。在项目结束时，可预测因项目原因而导致 NWC 增加的部分会逐渐恢复，库存将会售出，应收账款也会收回，应付账款也会支付。因此，项目结束时的现金流通常会导致 NWC 转变为正现金流。由此可见，SPG 公司的 NWC 将增加 55 000 美元，由于推出了高端新款，这个额外的 NWC 将在项目结束时恢复。

在某些情况下，将项目中每年持续增加的 NWC 作为负现金流考虑是合理的。如果一个项目预计每年都有显著增长，那么应收账款也会每年增长。在这种情况下，每年 NWC 的变化被认为是负现金流，并且项目生命周期内所有 NWC 投资的总和通常会在项目的最后一年恢复为正现金流。

经营现金流量

在 NPV 分析中，年度现金流量的主要组成部分（通常是唯一的组成部分）就是项目的运营现金流量（OCF）。OCF 的计算方法是息税折旧前利润（EBIT）加上折旧费再减去税费。使用 OCF 而不是净利润（或净收入/净收益）是为了确保利息成本不会对现金流造成影响。我们用调整后的资本成本折现所有的现金流以得到净现值。利息是债务的成本，债务是资本的一个组成部分。如果在计算净收益时扣除利息成本，然后用调整后的资本成本折算得到的数字，那么我们实际上就把债务资本成本计入了两次。为了避免重复计算，我们使用 OCF 而不是净收入。此外，由于折旧是非现金支出，我们将折旧加回 EBIT。我们不向任何人支付折旧费用，但折旧是为了减少税收，这样我们就能少交些税。这就是我们在进行 NPV 分析时计算折旧费用的原因。一旦我们扣除折旧费用来计算应税收入并计算出税款，我们就会将折旧加回到 EBIT 中并扣除税款，最后计算得出 OCF。折旧除每年影响税费外，还会影响项目最后一年设备的税后残值。

应用实例

让我们用一个例子来理解这些运算。可以确保分析正确的方法之一是假设项目并未被投资，并计算出所有现金流。然后计算投资项目后的现金流。每年的现金流差值即相关现金流，应该用到 NPV 分析过程中。我们将按下面提供的方法操作。为了方便起见，我总结了到目前为止已知的所有关于 SPG 公司的信息（见表 6.1）。

表 6.1 SPG 公司的所有信息

	X 型	Y 型	高端新款	贴纸
目前销量	5 100	3 100		
当前价格/美元	8	15		
生产成本/美元	5	10	15	1
预计明年销量				
上市溢价的销量	5 000	3 000	700	490
不上市溢价的销量	5 500	3 300		
明年预期价格/美元	9	16	24	5

设备成本/美元	100 000
配送和安装成本/美元	10 000
顾问费用/美元	2 000
NWC 在开始时的变化/美元	55 000

为了便于计算，我们假设项目的生命周期是 5 年，项目的营运现金流量（OCF）在 2~5 年间以每年 25%的速度增长。我们还假设机器在 5 年内将直线贬值至零，在项目结束时机器的预计残值为 25 000 美元。最后我们假设企业税率为 20%，年息费用为 8 000 美元。(见表 6.2)

表 6.2 额外的假设信息

项目生命周期	5 年
从第 2 年到第 5 年 OCF 增加比例	25%
直线折旧	5 年
预计残值/美元	25 000
税率	20%
年息费用/美元	8 000

基于以上信息，我们将在假设高端新款没有推出的前提下计算第一年的现金流。在这种情况下，不会有新的设备投资或净营运资本。此外，无论产品推出与否，现有设备还是会继续折旧。因此，折旧现象与决策分析无关。同时，我们也会在推出高端新款的前提下计算现金流量。在这种情况下，第一年的营运现金流量的计算方法如表 6.3 所示。

表 6.3　第一年营运现金流量的计算方法

销售额/美元	不上市	上市
X 型	49 500	45 000
Y 型	52 800	48 000
高端新款		16 800
贴纸		2 450
总销售额/美元	102 300	112 250
成本/美元	60 500	65 990
息税前利润/美元	41 800	46 260
折旧/美元	-	22 000
息税前利润/美元	41 800	24 260
收益/美元	8 000	8 000
应纳税所得额/美元	33 800	16 260
-税收/美元	6 760	3 252
净收益/美元	27 040	13 008
息税前利润/美元	41 800	24 260
+折旧	-	22 000
-税收/美元	6 760	3 252
营运现金流量（OCF）	35 040	43 008

这里有些关键点值得注意。尽管高端新款和贴纸的销售额在第一年就超过了 19 000 美元，但由于副作用（即现有型号销量被蚕食），总销量增长不足 10 000 美元。在计入额外销售的生产成本后，息税前利润的增

长不到 5 000 美元。如果我们算上这笔利润的税费，收益将不到 4 000 美元。然而，现金流增加了大约 8 000 美元。这是因为新设备产生了 22 000 美元的折旧费，从而节省了 4 400 美元（22 000×20%）的税费。这就是我们计算折旧并在 NPV 分析中解释它的原因，尽管折旧并不是真正的现金流。基于以上计算，我们将在 NPV 分析中使用两个现金流的差额 7 968（43 008−35 040）美元。另外，是否推出新产品都不会改变利息费用，我们可以不用考虑利息费用。我把它写在这里只是为了让你了解得更清楚一些。如果你不计算利息费用的话，将会得到两次相同的 OCF。在这个例子中，我们假设 SPG 公司在发布新款时不会在公司的运营上花费额外的钱。但如果公司的综合管理和销售费用在推出新产品时增加，我们也必须考虑到这些费用。如果你想知道上述成本是如何计算的，那么只需将每种产品的单位成本与单位数量相乘就可以得到每种产品的成本，然后将所有产品的成本相加。折旧费为（设备成本+配送和安装成本）/5。

基于表 6. 4 的计算，如果 SPG 公司推出新款，它的初始现金流将为 16. 5 万美元。它将在未来 5 年有现金流入。然而，这些现金流入似乎还不足以弥补最初的现金流出，更不用说提供任何投资回报了。在这种情况下，即使不进行 NPV 计算，公司决策者也可以非常肯定地做出决定不推出新款。值得注意的是，我们可以将设备在项目结束时以 2. 5 万美元的价格出售，但我们去年的现金流计算仅增加了 2 万美元。这是因为在 5 年的时间里，我们会将整个设备折旧到零。当我们折旧一项设备时，基本上是表示该设备的价值已经下降。在第 5 年年末，我们的设备将贬值到零，这基本上就告诉了管理者这些设备毫无价值。然而，当我们以 2. 5 万美元的价格出售同样的设备时，所卖的钱完全可以看作是收入，我们需要就设备折旧价值（在本例中为零）和设备实际售价之间的差额纳税。因此，SPG 公司的税后残值为 20 000 美元[（25 000−0）×（1−0. 20）]。

表 6.4 SPG 推出新款后五年的现金流情况 单位：美元

	现金流出	现金流入				
时间	0	第 1 年	第 2 年	第 3 年	第 4 年	第 5 年
初始投资						
设备	100 000					
配送和安装	10 000					
NWC 的改变	55 000					
经营现金流量		7 968	9 960	12 450	15 563	19 453
税后残值						20 000
净营运资金恢复额						55 000
相关现金流	165 000	7 968	9 960	12 450	15 563	94 453

内部收益率

尽管净现值（NPV）有很多好处，但它并没有像人们预期的那样被广泛使用。原因在于人们难以真正理解 NPV 的含义。一个 200 万美元的项目可以带来 2 万美元的正 NPV，当一个员工把这件事告诉管理者时，如果经理不太明白正 2 万美元净现值实际上意味着什么，很可能会拒绝员工的提议。他可能会将 2 万美元视为 200 万美元投资的 1%回报，但他没有意识到，2 万美元是扣除所有成本之后的额外收益，包括风险调整后的资本成本。NPV 可以告诉你项目将获得的收益比公司要求项目获得的收益要高多少。一个项目如果有 2 万美元的净现值即表示这个项目除了可以赚取既定的金额外，还可以再多赚 2 万美元。然而，这个项目可能会因为管理者的误解而被拒绝。

为了正确表达其含义以免引起误解，我们可以使用一种叫做 IRR 的工具。IRR 是内部收益率的缩写。它是一个项目根据成本和预期现金流产生的回报率。如果 IRR 高于风险调整后的资本成本，那么该项目可以投资。在上面的例子中，如果项目的风险调整资本成本是 14%，并且员工告诉管理者说该项目的 IRR 是 15%，很值得投资，员工的意见很可能会被更认真地对待。企业所有者和管理者倾向以百分比来考虑问题。IRR 和 NPV 一样，所采用的前提都一样，但是 IRR 是用百分比来表达的，比 NPV 更通俗易通。IRR 代表项目 NPV 为零时的贴现率。更具体地，员工可以这样对经理说："根据风险特征，该项目的最低回报率为 15%，但因为我们的要求只有 14%，我们可以接受它。"

基于以上，人们可能会问，既然 IRR 作为决策参考工具能提供类似的决策，为什么 NPV 具有更容易沟通的额外优势呢？为什么 NPV 被认为是财务决策的黄金标准？答案是，如果一个工具在所有情况下都是值得信赖的，那么它就被认为是最好的。在大多数情况下，根据 IRR 和 NPV 做出的决策会很相似，但在某些情况下，IRR 会失效。如果一个项目在初始投资后仍需要额外的投资，IRR 是无法准确计算额外投资的。另外，当你在两个完全不同的项目中做决策时，如果参考 IRR，你会做出错误的决定。从直觉上讲，当你面对两个选择，一个投资金额为 200 万美元，回报率为 16%，一个投资金额为 1 万美元，回报率为 25%，可能选择回报率较低的项目更明智。然而，当使用 IRR 作为决策工具时，即使总收益相对较低，决策者很可能会因为 25%的回报率而接受这个项目。在做资本预算决策时，如果这两种工具指向相同的决策，你应该先使用 NPV，然后再计算 IRR 的值，最后来做决策。如果根据 IRR 所推荐的结果与 NPV 的推荐结果相反，那么应该放弃 IRR 的推荐结果，转而进行 NPV 分析。

盈利指数

通常，决策者在做决策时必须在几个项目中进行选择，然而，公司往往没有足够的资金来投资所有净现值为正的项目。在这种情况下，公司应该选择盈利最高的项目。这可以通过盈利指数得知。盈利指数（PI）是正现金流现值与负现金流现值之比。净现值为正的项目的盈利指数大于1。PI 高的项目比 PI 低的项目更受欢迎。这个指数用现值的方式告诉你，你的每一美元投资可以给你带来多少回报。

例如，一家公司有 50 000 美元的资金可以投资于一个或多个项目。这家公司一共分析了 5 个项目，并确定了所有项目未来现金流量（PV）的现值，如表 6. 5 所示。

表 6. 5　所有项目未来现金流的现值

项目	初始投资/美元	净现值/美元	未来现金流的现值/美元	PI
A	10 000. 00	300. 00	10 300. 00	1. 03
B	5 000. 00	500. 00	5 500. 00	1. 10
C	20 000. 00	2 100. 00	22 100. 00	1. 11
D	50 000. 00	4 000. 00	54 000. 00	1. 08
E	25 000. 00	2 000. 00	27 000. 00	1. 08

根据这些数字，我们可以观察到：第一，未来现金流的现值就是初始投资和净现值之和。这是因为净现值代表超过初始投资的那笔现值。此外，盈利指数是未来现金流量除以项目初始投资。第二，所有的项目的净现值都为正，都可以进行投资。第三，公司总共需要 11 万美元来投

资所有的项目。第四，项目 D 的净现值最高，其需要 5 万美元投资，公司确实有这笔钱。然而，投资 D 项目对公司来说并不是最有利的，这是因为项目 D 的 PI 比率是 1.08，低于项目 B 和 C 的 PI 比率。根据 PI 比率，如果公司有足够的资金来投资这些项目，那么在投资项目 D 之前，公司应该先投资项目 B 和 C。在这种情况下，公司应该投资项目 B、C 和 E。如果这样做，同样是投资 50 000 美元，公司将能够获得 4 600 美元（500+2 100+2 000）的组合净现值，而投资 D 项目，只能获得 4 000 美元净现值。

工具缺陷

尽管上面讨论的财务决策工具被高度认可和广泛使用，但是我们仍然需要意识到这些工具的局限性。对工具理解错误很容易导致项目安全系数下降，从而导致灾难性的后果。首先也是最重要的是，如何使用一个工具通常和人有关，同样的工具如果使用不当会造成严重的后果。当正确使用 NPV 时，NPV 可以引导你做出正确的决策，但是如果 NPV 结果计算错误，那么 NPV 分析的任何结果都无法帮助决策者做出正确决定。比如，决策者在分析 NPV 时容易高估正现金流，并低估有关成本。另外，对现金流相关风险的理解不当，往往会导致贴现率调整不足，无法真实反映项目的风险程度。

敏感性分析与场景分析

为了增强人们对资本预算决策的信心，分析师可以通过进行敏感性分析和场景分析来测试结果的稳健性。在敏感性分析中，当你更改与项目相关的某些假设时，你可以观察到项目的 NPV 估计值会发生变化。例如，你估计产品单位售价为 20 美元，如果改变 1%的售价，净现值会变化 4%~5%，这就意味着你的分析对价格的敏感度极高。又如，租金预算或可变成本变动 1%可能对 NPV 的影响很小。在这种情况下，你需要进行进一步的研究和分析，以确定你对产品定价的假设是否正确。敏感性分析允许你识别出对 NPV 分析最关键的变量，从而做出正确的决策。

敏感性分析虽然非常有用，但它有一个致命缺陷。敏感性分析每次测试 NPV 对一个假设的敏感性时，需要保持所有其他变量不变。遗憾的是，在现实生活中，当一种事情出错时，或许各种各样的事情会同时出错。当一种产品在市场上销售效果达不到预期时，公司必须对产品进行降价处理。此外，公司不得不在销售和促销方面花费更多的成本。所有这些都会对项目的价值产生负面影响。因此就诞生了场景分析法。场景分析考虑了不同场景下项目的净现值。在不同的场景中，各变量会同时发生变化，以了解最佳场景、最可能的场景和最坏的场景下项目的价值。不过，即使在这种类型的分析中，最坏的情况也很可能被低估。这常常会导致对项目期望过高，决策失误而项目以失败告终。

第七章　加权平均资本成本

到目前为止，我们使用了诸如资本成本和加权平均资本成本这样的名词，但没有明确给出定义。如果你想知道这些名词从何而来，它到底意味着什么，那就在本章中找答案吧。

优先股票

公司一般从三个不同的渠道获得资金以经营业务。我们以前讨论过其中的两种：债务和普通股（即股票）。然而，还有一种特殊的类别——优先股。优先股是一种混合证券，既有债务特征，也有股权特征。像普通股一样，它们支付股息而非利息。然而，优先股股东可以定期获得股息，就像债务人一样。相反，普通股股东就不一定总能得到定期股息。如果公司被清算，优先股股东将先于普通股股东获得赔偿。但是，当公司表现良好时，普通股股东会获得大部分利益，而不是优先股股东。优先股通常可赎回且可转换。

可赎回

当一种证券可赎回时，这意味着证券发行者可以要求证券持有人以特定的价格赎回证券。通常情况下，可赎回证券的价格高于发行时买方最初支付的价格。此外，发行人通常需要经过一段时间才能赎回证券。正如你所能猜到的，一个公司会在满足其最大利益的情况下赎回证券。比如，你通过发行债券从公众那里借了 1 000 万美元，每季度支付 8%的利息。如果市场利率下降到 4%，你就可以通过发行利率为 4%的债券来借这 1 000 万美元，并将原来欠债券持有人的钱还清。如果你要这么做，你就需要赎回原来的债券。显然，原债券持有人不会愿意你这样做，因为如果你这么做，他们就只能以市场上普遍较低的利率将资金投资到其他地方。因此，为了提高原债券持有人的赎回意愿，公司通常要高价偿还。在这个例子中，你可能需要支付 1 050 万美元来赎回原来的 1 000 万美元债券。现在，你应该意识到，如果利率涨到 12%，你永远不会赎回债券，原债券持有人会一直被低利率所困，即使他们本来可以赚取更高的利率。所以当债券持有人购买有赎回条款的债券时他们承担了很多利率风险。当利率上升时，他们会亏损；当利率下降时，他们没有盈利。这就是为什么一开始，一家公司往往不得不支付略高的利率来发行可赎回债券，以吸引投资者购买此类债券。现在让我们回到优先股股东这一话题上。他们定期获得股息，这和利息很像，但不叫利息。赎回优先股的方式与赎回债券的方式相同。在资不抵债的情况下，优先股的优先级仅低于债权人，并允许购买者对所持股份进行转换，以吸引投资者购买优先股。

可转换

要理解这个特性，只需举个例子。假设你向朋友借 20 万美元的贷款，以开拓一项新的业务。你给他提供的年利率是 15%。你的朋友可能会对你说："好吧，如果你的生意成功了，你会把钱和利息还给我的。然而，如果你的生意失败了，你可能没有任何东西可以还我。因此，在最好的情况下，我每年有不超过15%的回报。在最坏的情况下，我的损失会达到100%。对我来说，这听起来不是笔好买卖。”你回答说：“这样办可以吗？我的公司现在价值100万美元，发行了10万股。两年后，如果你觉得公司做得很好你可以把你的贷款转换成股权，这样你会得到18 000股。”现在你的朋友可以作为股东参与公司的发展。两年后，如果该公司表现良好，其价值将会上升。例如，公司的总价值增加到150万美元。朋友可以选择将贷款转换成股权，得到价值270 000（1 500 000/100 000×18 000）美元的18 000股股票。他每年将从20万美元贷款中获得3万美元的利息，为期两年，在两年期满时，他将获得价值27万美元的股权。你可能会想，为什么你的朋友从一开始没有成为股权持有者，并以20万美元的价格购买2万股股票，而是通过可转换贷款，在两年后才能转换为1.8万股股票呢？毕竟，公司的股票在开始时仅值每股10美元（100万美元/10万股）。这是因为你的朋友这样做可以降低风险。他可以一直从贷款中获得利息，直到他确信公司有更好的前景。如果情况恶化，公司不得不清算，他作为债权人将比股东收回的钱要多，包括利息支付和本金收回。当一家公司不得不清算其资产时，股东通常什么也得不到。大部分收益都给了债权人。尽管债权人可能无法收回全部本金，但他们收回的投资比例要高于其他投资者。优先股股东的行为与你朋友的做法差不多。在他们决定使用可转换性功能成为普通股股东之前，他们从定期的股息支付中获益。鉴于这种优惠待遇，优先股股东的投资回报率通常低于普通股股东。因此，优先股的资本成本通常小于普通股的资本成本。

加权平均资本成本计算

现在回到加权平均资本成本（WACC）的话题。假设你去超市买水果，你买了5个香蕉、7个苹果、3个芒果。每个水果的价格分别是1美元、2美元和4美元。如果有人问你平均每个水果要多少钱，你会怎么计算？你可以将每种水果的数量与其单价相乘，然后将这三种水果的总金额相加，结果是31美元（5×1+7×2+3×4）然后用31除以15个水果（5个香蕉+7个苹果+3个芒果）得到每个水果的成本是2.07美元。

另一种得到相同答案的方法是计算你买的水果中香蕉、苹果和芒果各自的百分比。在这种情况下，约33.33%的水果是香蕉，约46.67%是苹果，20%是芒果。所以基本上33.33%的水果成本为1美元，46.67%的水果成本为2美元，20%的水果成本为4美元。因此，这意味着每个水果的成本平均是2.07美元（0.333 3×1+0.466 7×2+0.20×4）。这与公司计算WACC的方法是一样的。请记住，WACC会告诉你资金成本就像上面例子中的水果成本一样，先分别计算公司的债务、普通股和优先股占公司价值的百分比，再将每个资本组成部分的百分比与各自的成本相乘，最后将每个资本成本相加得到加权平均资本成本。

债务税后成本

需要注意的一点是，在WACC的计算中需要使用债务资本的税后成本。这是因为在美国，债务成本即付给债权人的利息，而利息是可以免税的。因此，当公司以10%的利率支付贷款利息时，如果公司的税率是20%，那么公司的贷款利率就不会是10%。例如，当公司支付1 000美元贷款的利息 100 美元时，其应税收入会减少 100 美元，税费会减少 20 美元。因此，实际上公司支付了 100 美元的利息，却节省了 20 美元的税费。公司的债务成本变成 80 美元，或者说实际的贷款利率应为 8%，而不是 10%。如果该公司将从债务中获得的 1 000 美元作为股本，它的应税收入就不会减少 100 美元，也不会像前例那样减少 20 美元的相关税费。公司将不得不从税后收入中支付股息。正是由于这种对债务的差别税收待遇，企业在计算 WACC 时调整了债务的利息成本，以计入税收节约额。

应用实例

为了便于说明，我们来计算一下 BBB 公司的 WACC。BBB 公司拥有 100 万股普通股，目前每股交易价为 10 美元。普通股股东需要 13%的预期回报率才愿意投资 BBB 这样的公司。该公司还持有 1 万股优先股，交易价格为 101 美元。优先股股东要求获得 6%的投资回报。该公司从一家银行借了 2 000 万美元，利率为 4%，并以每股 1 000 美元的价格出售了 1 万份未偿还债券。债券持有人需要 5%的投资回报才愿意借钱给这家公司。公司税率是 20%。根据这些信息，我们可以计算公司的价值如表 7.1 所示。

表 7.1 BBB 公司的价值

	单位/股		价格/美元	合计/美元
普通股的价值	1 000 000	×	10	10 000 000
优先股的价值	10 000	×	101	1 010 000
债务价值				30 000 000
银行贷款				20 000 000
债券	10 000	×	1 000	10 000 000
公司总值				41 010 000

我们计算资本不同组成部分的市场价值，然后计算每个部分贡献公司价值的百分比。普通股占公司价值的 24. 38%（1 000 万/ 4 101 万）。同样，优先股和债务分别为公司价值的 2. 46%和 73. 15%。然后将每个百分比乘以每个组成部分的资本成本。普通股和优先股的成本分别为 13%和 6%。债务成本还需要进一步计算。银行贷款成本为 4%，债券成本为 5%。

回到水果的类比，有这样一种情况，有人买了 7 个苹果，其中 2 个是单价 1. 25 美元的富士苹果，剩下的 5 个是单价 2. 3 美元的嘎拉苹果。则苹果的总成本是 14 美元（2×1. 25 + 5×2. 3），每个苹果平均成本 2 美元。或者，我们可以这样想：7 个苹果中有约 28. 57%是富士苹果，约 71. 43%是嘎拉苹果。考虑到这两种苹果的成本和购买苹果的组合，每个苹果的平均成本是 2 美元（0. 285 7×1. 25 + 0. 714 3×2. 3）。同理，我们可以采用此方法计算 BBB 公司的债务成本。公司总负债 3 000 万美元，其中 2 000 万美元是银行贷款（占比 66. 67%），其余 33. 33%是债券。使用每个债务组成部分的成本，我们可以计算债务成本为 4. 33%（0. 666 7×4% +0. 333 3×5%）。一旦我们计算出债务成本，就可以考虑采取相关的成本节约额来计算债务税后成本。因为公司税率为 20%，税后的债务成本 3. 46% ［4. 33% ×（1−0. 20）］比税前成本低 20%。根据以上计算过程，WACC 的计算方法如表 7. 2 所示。

表 7. 2　WACC 的计算方法

	公司价值占比(%)		资本成本占比(%)	总计
普通股	24. 38	×	13. 00	0. 031 7
优先股	2. 46	×	6. 00	0. 001 5
债务	73. 15	×	3. 46	0. 025 3
加权平均资本成本				5. 86%

以上计算得出 BBB 的 WACC 是 5.86%，我们必须仔细思考这个数值到底意味着什么。这又回到了之前一章讨论的机会成本的概念。根据公司现有机会来看，公司在任何项目上每投资 100 美元，就必须每年至少赚 5.86 美元，才能证明这种投资是可行的；否则，公司最好不要投资这个项目。这个结论是基于这样一个假设，即所谈论的项目与公司的总体风险是相同的，所以风险在这里非常重要。当投资者设定购买公司股票或购买政府债券所需的回报水平时，他们是基于公司风险来做出决定的。如果某个项目的风险水平较高，不建议直接使用 WACC 来确定投资该项目所需的回报水平，而应该向上调整 WACC，以解释投资者对高风险投资要求更高回报的事实。同样地，当一个项目的风险比一般项目要低时，向下调整 WACC 是有必要的。

加权平均资本成本和净现值

现在我们知道了，在净现值（NPV）计算中，WACC 通常用作贴现率来决定项目是否值得投资。同时，考虑到与项目现金流相关的不确定性因素，我们必须向上或向下调整 WACC，才能让计算出的 NPV 引导我们做出正确的决策，否则，如果得出的数字引导我们做出错误的决定，那么整个分析将毫无意义。使用像 NPV 这样的资本预算工具的主要目的就是让决策者做出正确的投资决策。让我们思考一下，如果你没有合理调整 WACC 来计算一个项目的净现值，而这个项目比公司的一般项目的平均风险要大得多，结果会是什么样的呢？例如，某公司的大部分资本来自银行贷款，公司支付7%的利率。如果未调整WACC，该公司计算出这个高风险项目的净现值，并发现该净现值刚好为正，公司决定投资这个项目。因为风险项目的现金流是不确定的，所以该公司的现金流在这个项目实施后可能也会变得不稳定（比如，在某个季度，现金流可能会很高，但在下个季度可能会很低）。由于现金流波动很大，银行可能会将利率从7%提高到9%。这种利率的提高会增加公司的利息成本，从而可能导致利润下降甚至亏损。这个新项目看起来NPV为正，好像意味着这个项目会增加公司的净值，但实际上隐含减少公司利润和价值的风险。所以对WACC进行调整是十分重要的。

经营决策和融资决策

在计算一个项目的NPV时，我们经常使用调整后的WACC作为贴现率。WACC是根据公司目前的资本构成来计算的。一家公司目前的资本结构可能是25%的债务和75%的股权（全部由普通股组成）。不过，管理层可能会考虑用债券融资筹集的资金为新项目提供大量资金。在这种情况下，决策者是否应该使用不基于当前WACC的其他贴现率？答案是不应该。金融的基本原则之一是，经营决策与融资决策分开进行。是否进行投资属于经营决策。决策者应该根据项目的优点来决定是否接受这个项目。该项目的优点应根据初始投资需求、战略拟合、预期现金流以及此类现金流的不确定性等来确定。融资决策应根据为项目寻找资金的问题来进行，无论融资来源是贷款、债券，还是发行普通股和/或优先股都是如此。管理者应首先根据项目的固有特性做出接受或拒绝的运营决策。请注意，在进行 NPV 分析时，利息成本不包括在项目运营现金流的计算中。WACC 应根据项目相对于公司平均项目的风险状况做出向上或向下的调整，以达到符合该项目的贴现率。公司只有在调整了 WACC，并基于其进行了 NPV 分析后，才应该评估该项目的不同融资决策。

我经常给我的学生举以下例子：在公共汽车站，你面前停着一辆配备最新技术的公交车，而且一群美丽的女孩在车上开派对唱歌，你应该上车吗？答案是不一定。你乘坐公共汽车的决定不应该取决于诸如汽车的技术或乘客的吸引力等因素，而是取决于你要去哪里、公共汽车是否能送你去那里。只有回答了这些问题，你才能决定是否上车。

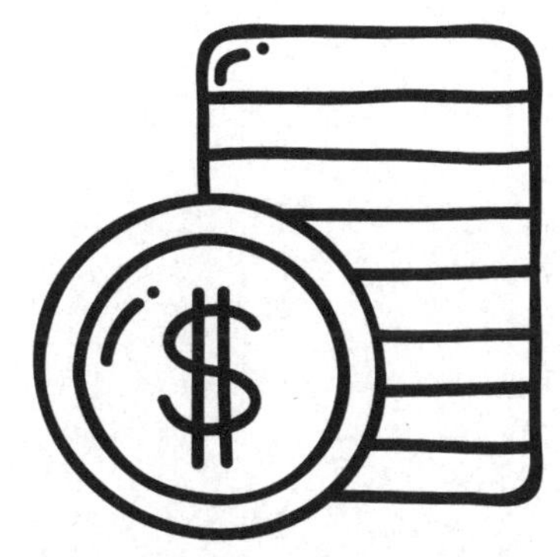

第八章　债券

在前一章计算加权平均资本成本时，我们了解了股权资本成本，也学习了到期收益是由债务资本成本得出。这些数字是如何得出的？我们将在本章探讨这些问题。

资产和负债

我们在前几章中使用了“资产”这个词，不过主要体现的是其在财务管理中的定义。金融人士对资产的看法略有不同。任何能够提供净正现金流的东西在金融人士看来都是资产。任何导致净负现金流的因素都是负债。让我用一个例子来说明这一点。比如你的院子里有一棵大树，这棵树很高，可以为你的房子提供荫凉。因此，你每个月都可以节省因使用空调产生的电费。你还知道当这棵树被砍下时，你能以很好的价格出售木材。这种特殊类型的木材可以制造需求旺盛的高档家具。因此，这棵树是你的资产。

现在让我们探讨一下你的邻居。他的院子里也有一棵树。然而，这棵树的价值相对较弱，而且它对房子构成了威胁，比如一阵狂风可能会把一个大树枝吹到屋顶上毁坏房子。因此，你的邻居不得不购买房屋险，这增加了家庭每月的保险费用。而且，树长得比较快，房主每季度都要雇请一家园艺公司来修剪树枝，这样树枝才不会挂在别人的房子上。即使你的邻居也能从树荫中获得一些好处，比如更低的电费，但是每年增加的保险费和绿化费远远超过了省电带来的正现金流。因此，这棵树是你邻居的负债。

资产通常以两种形式提供现金流：收入现金流和资本现金流。如果我们考虑上述例子，你的树为你节省的电费是收入现金流。一般来说，只要你拥有资产，你就会继续获得收入现金流。如果你决定砍伐这棵树并将其作为木材出售，你会获得一大笔现金流，不过此后你将不再获得收入现金流。你将不再是树的主人。这笔大的现金流就是你的资本现金流。另外，如果你把树和房子一起卖，而不是把它作为木材来卖，你可能会因为树而售出更高的价格。在这种情况下，买家将因为这个树而达到省电的目的；你会因为此树获得一笔额外收益，买家将支付额外的金额作为对你正在进行的正现金流的补偿。当你实现了资本增值时，你基本上得到了所有未来现金流的现值——一次性支付所有未来现金流，反之如果你没有出售资产，你不会得到。

有时资产会很快变成负债，反之亦然。例如，假设你有一块土地，它通常被认为是一种资产，因为你可以在未来的某个时候出售土地，并获得一次整笔资本现金流。然而，假设你发现一个濒临灭绝的物种在你的土地上安了家，现在法律要求你保护濒危物种的家园，因此你和任何购买土地的人都不能将土地用于生产性用途，那么土地现在将成为一种负债。你不能指望通过出售土地获得任何现金流，因为买方不能利用土地产生正现金流。相反，你将不得不承担一些费用来保护濒危物种的家园，并继续支付财产税，从而导致负收入现金流。同样，你可能有一栋房子，并把它当作自己的资产。然而，如果你发现房子含有石棉，那么房子同样将成为一种负担①，因为你将不得不承担清洁费用，并且不能通过租赁或出售房子来产生正现金流。

什么是债券？

现在让我们回到如何找到 WACC 数据来源的问题上来，首先从债务成本开始。大公司的大部分债务是以债券的形式存在的，但是有些人可能不熟悉债券。实际上，债务就是贷款。我们都知道贷款是什么，当我们想到贷款时，银行就会在脑海中浮现出来。然而，公司也可以向公众贷款。从公众筹集资金只是一种技术上的说法，即公司从任何愿意放贷的投资者那里获得贷款。在美国，当一家公司从公众那里获得贷款时，它通常会出具一份文件，承诺在规定的年限内，如每 6 个月（在某些情况下是 1 年）向文件的合法所有者支付一定数额的钱，然后在最后退还本金。这份文件称为保证书，是公司承诺的证据，意思是“我的承诺就是我的保证”。在过去，公司会印刷一些纸，上面写着“我，某某，承诺支付某某多少钱，在某某时间归还”。这份文件实际上相当于有着借款金额和偿还日期的息票。文件的持有者会在这些息票上写上日期，并逐条剪下这些息票，然后寄给公司。随后，文件持有者会收到公司的支票，上面是一定的金额，表示公司为借款所支付的利息。最后，投资者将得

---

① 石棉是一种致癌物质，所以含有石棉的房子价值会降低，而且可能需要花钱进行清理。

到自己的投资本金。虽然现在我们没有印制债券，也不用剪裁息票，把它们寄给公司，但基本概念仍然是一样的，就是在适当的时候，把正确的金额直接存入你的经纪账户。

定息债券

每个债券都有面值，在美国通常是 1 000 美元。债券的票面价值，也叫面值，代表发行人承诺于未来某一特定日期偿付给债券持有人的金额。即使债券的价值每天都有变化，但债券的票面价值是固定的。债券的票面利率是指债券发行者预计向投资者支付的利息占票面金额的比率。定息债券的票面利率通常是固定的，不会改变。所以，投资者会在约定时间内（通常是每年或每半年）收到一次债券利息（券息），而在到期日（未来某一特定日期）收到发行人返还的债券的票面价值。本节中主要用到的例子就是分期付息的定息债券，即息票债券。如果你买 5 年期的 6% 息票债券，票面价值是 1 000 美元，每 6 个月支付一次券息，那么在接下来的 5 年里每 6 个月你会得到 30 美元［(1 000 ×6%)/2］，然后在 5 年后得到 1 000 美元。因为每年有两笔券息付款，每年券息总额除以 2，最终结果是每 6 个月你将得到 1 笔 30 美元的付款，在第 5 年年末你将得到 1 030 美元的付款（1 030 美元是最后 6 个月的券息付款加上面值回报）。

当公司发行债券（借款）时，它通常会尽量将票面利率固定在接近当前利率的水平。因此，投资者以 1 000 美元的价格从公司购买债券，这就相当于向公司贷款 1 000 美元。然而实际上，投资者可能以低于或高于 1 000 美元的价格购买债券，因为债券可能会溢价发行或跌价发行，但这不会改变面值或票面利率。该公司仍然根据面值为 1 000 美元的票面价值进行券息付款，并在最后返还 1 000 美元。你可能想知道，如果公司要支付 1 000 美元的利息并在债券到期时返还 1 000 美元，投资者为什么要支付高于1 000美元的金额呢。

利率与政府在利率中的作用

为了理解上述问题，我们必须理解经济学最基本的概念之一——利率。我们听说过供求关系。当某样东西需求量很大时，这种东西的供应商能够收取更高的价格。反之，当供应增多，卖家不得不降低价格吸引人们购买他们的东西。同样，利率反映的是资本的价格。当更多的实体或投资者试图把他们的钱借出去时，利率就会下降；当有多个人或企业试图借钱时，利率会上升。

你可能认为政府决定利率是错误的，但事实并非如此。利率的产生就如同不同商品和服务有不同的价格一样。需求和供应状况，通常被称为市场力量，影响着供应商的供给以及消费者最终为商品或服务支付的费用。同样，银行和投资者根据借款人愿意为资本支付多少，根据市场上资本的供求情况，来决定利率的多少。然而，与其他国家不同的是，在中国，政府是资本市场的积极参与者。事实上，美国政府是世界上最大的借款国。由于其规模庞大，美国一个国家就可以影响资本的需求和供给关系。如果美联储想单方面大幅调整利率，还是有一定困难的。美国政府经常操控市场利率，以实现其他目标，如控制通货膨胀、刺激经济增长或遏制不可持续的高经济活动等。

为了提高利率，美联储开始在所谓的联邦公开市场活动中出售债券。记住，当有人出售债券时，意味着他们在借钱。投资者花钱购买债券，而这些钱就是对发行人的贷款。因此，通过出售债券，政府增加了对资本的需求从而提高了利率。这又是如何实现的呢？想象一下，如果我向你借1 000美元，目前市场利率是4%，同时政府决定出售利率为4.25%的债券。可能会发生什么？你可能会说，投资者已经确定通过向政府贷款可以获得 4. 25%的收益，而借钱给其他人会承担额外的风险，因此投资者需要收取其他人高于 4. 25%的收益。所以基本上政府出售债券的行为会提高市场上几乎所有借款人的利率。政府支付的利率通常成为资本市场上任何一种交易的下限，因为每个投资者都可以在不承担任何风险的情况下至少赚取政府支付的利率。

同样，当政府想要降低利率时，就会开始购买债券。当政府购买债券时，它会把钱支付给投资者，而这些投资者不得不另寻投资机会。这意味着他们必须把钱借给别人，至少还能获得一些回报。因此，在资本供应增加的情况下，借款人可以讨价还价，并且能够以比从前更低的利率借款。我们也可以从另一个角度来看，当政府购买债券时，就增加了对债券的需求。正如你所知道的，当任何东西的需求增加时，它的价格就会上涨。1 年期利率为 12%的债券之前卖 1 000 美元，现在可能卖 1 100 美元。任何以 1 100 美元购买这只债券的人现在 6 个月能得到 60 美元，一年后能得到 1 060 美元。该投资者的回报率甚至少于 1%。这是因为购买债券时你得到的价值与获得回报时的债券价值是一样的，无论你支付 1 美元还是 100 万美元。因此，你购买得越多，你的利润就会越少。这就是为什么随着债券价格上涨，债券的收益率会下降。就像下面的插图中显示的那样，当一个人意识到他花了太多钱买了这个节目，他的效用就会下降。债券价格与收益率之间的这种反向关系，是你永远不该忘记的金融课程之一。

到期收益（到期利率）

现在我们知道利率是动态的，不断变化的。我们可以再次把注意力转向债券。让我们看一下两年期利率为10%的息票债券。如果你买了这样的债券，在接下来的18个月里你每6个月就能得到50美元，24个月后你会得到1 050美元。如果市场现行利率保证你至少能赚10%，考虑到这种债券的风险，你愿意为这种债券支付1 000美元。然而，如果市场现行利率保证你的收入至少为12%，你就不愿意支付1 000美元了，而是只愿意支付更少的钱。问题是你实际愿意支付多少？答案是你愿意支付965.35美元。这是因为，如果你支付965.35美元，能够产生同样的回报（半年复利）。让我们用数学来证明一下（见表7.1）。

表 7.1　支付 965.35 美元获得同样回报的计算过程　　单位：美元

期限	初期本金	到期利息	收讫	到期本金
现在	965.35			
6 个月	973.27	57.92	50.00	973.27
12 个月	981.67	58.40	50.00	981.67
18 个月	990.57	58.90	50.00	990.57
24 个月		59.43	1 050.00	0.00

因为回报率为 12%，你需要每 6 个月获得 6%的回报。如果你支付 965.35 美元买债券，6 个月后你将得到利息 57.92 美元。然而，正如我们所知，10%的息票债券将在 6 个月内支付 50 美元的息票，不管当时的利率是多少，也不管你花了多少钱购买债券。所以在收到 50 美元后，你仍然会少收入 7.92 美元。你可以假设你得到了 57.92 美元，但是借给公司 7.92 美元。你的总贷款将变成 973.27 美元。再过 6 个月，你需要 58.40 美元作为利息，才能在新的本金金额上获得 12%的年利率（期间为 6%），但你仍然只能得到 50 美元。你可以再一次假设你得到了 58.40 美元，但是借给了公司 8.40 美元，因此你的贷款是 981.67 美元。一旦你按照这个逻辑，你会发现在贷款到期时，最后你会得到所有的本金和利息和 1 050 美元。在这种情况下，我们证明了如果你支付 965.35 美元购买 10%的 2 年期债券，你将会获得 12%的投资回报。投资者购买这种债券并持有至到期的 12%的回报率称为到期收益率（YTM）。在这个例子中，投资者以低于面值的价格购买了债券，这就是为什么他获得了高于票面利率的回报。如果投资者以 1 100 美元的价格购买了这批债券，他会得到比 10%的票面利率更低的到期收益率。只有当债券是以面值购买时，债券的到期利率才等于其票面利率。

你可能会困惑，我怎么知道一个投资者想要投资 2 年期 10%的息票债券，他必须支付965.35美元才能获得12%的收益的呢？记住，当你购买债券时你最终得到的是所有券息支付和到期时面值支付的金额之和。我们可以找到每6个月月末收到的4笔50美元的券息支付的现值，为173.26美元［在Excel中计算为=PV(0.06,4,50,0,FALSE)］。记住，付款是每6个月收到一次。因此，我们必须以6个月为周期来考虑。假设要求回报率是每年12%，那么周期性回报率是6%，周期是4，每次支付50美元。现在我们再来看看最后1 000美元的现值，即792.09美元，计算公式为PV（0.06,4,0,1 000,FALSE），再加上券息支付的现值（173.26美元），我们得到965.35美元。实际上，我们可以通过以下函数一步计算出债券价值：PV（0.06,4,50,1 000,FALSE）。在PV函数中包含1 000和FV，代表着4次50美元和最后1 000美元的支付。PV函数中的假值表示发生在每个周期末尾的付款。

为了提高你的货币时间价值技能，我们可以计算2年期10%息票债券的到期利率。我们是以965.35美元购买的，使用以下函数：RATE(4,50,-965.35,1 000,FALSE)。你需要注意，我们用了一个负数表示我们支付了965.35美元购买债券，50和1 000是正数，数字4代表4个周期。

零息债券

到目前为止，我们一直在学习每6个月定期支付息票的债券。这是最常见的债券，然而，还有一种债券很常见，被称为零息债券。这类债券在券面上不附有息票，票面上不规定利率，发行时按规定的折扣率，以低于债券面值的价格发行，到期按面值支付本息。你可能想知道为什么有人会购买这种债券，大概是因为零息债券到期时会按面值支付1 000美元吧。相对于普通的息票债券，零息票券并没有那么吸引人，因此它们的价值低于息票债券。我们可以计算任何零息债券的价值，现值记为1 000美元，按照规定利率计算。根据传统的半年度债券的票面利率，零票面利率债券也用6个月的周期来估值。例如，如果5年期零息债券的到期收益率为12%，按照PV（0.06,10,0,1 000,FALSE）计算，现值为558.39美元。

债券的一个关键特征是可转让。这意味着当你需要钱的时候你可以把债券卖给别人。想象一下，如果债券不可转让，你又买了20年期债券(这种情况并不少见)，你将不得不把钱借给一家公司20年。在这20年里，你永远不知道什么时候你真正需要钱，却不得不从银行借钱。所以，当你需要的时候，你可以把债券卖给别人，获得这些收益。你可能想知道，如果你买了10年期零息债券，在买了9年后不得不卖掉它，会发生什么。你会失去所有的利息吗？记住，你不会从零息债券中获得任何息票。幸运的是，虽然你没有得到息票，你仍然能从你的投资中获得一些回报。假设利率和你购买息票债券时一样，你可以以一定价格出售，就如同投资了息票债券一样，获得同等的回报。

债券和收益

让我用一个例子来演示这个概念。假设你购买了10年期零息债券，当时的利率是6%，这意味着你需要支付553.68美元［PV(0.03,20,0,1 000,FALSE)］来购买债券。为什么？这是因为，如果有人愿意支付更低的价格，他们就能获得高于现行利率6%的到期利率。这将使更多的人对这种债券感兴趣。需求的增加会导致一些人出更高的价格，从而导致所有人的价格上涨，直到价格达到553.68美元。在这一点上，任何投资者都不会有任何动机去抬高价格。没有人愿意支付高于553.68美元的价格，因为如果他们这样做了，他们的回报率就会低于6%，而他们在其他市场上投资可以轻松获得6%的回报。请注意，当我们使用现行利率这个术语时，假定的是我们所讨论的市场投资与债券投资的风险等级是一样的。让我们继续这个例子，9年前，你以553.68美元的价格购买了这只债券，现在你打算出售时的现行利率也是6%。该债券在向持有者支付1 000美元之前还有一年的时间。现在这只债券的价值是多少？它应该小于等于942.60美元［PV(0.03,2,0,1 000,FALSE)］。如果你以942.60美元出售债券，你将获得6%的年利率，计算RATE（18，0，-553.68，942.60，FALSE)×2得出。18表示你持有债券的9年里的18个周期，零表示你在一个周期里支付的金额，-553.68表示你购买债券的价格，942.60表示你出售债券的价格。我们将结果乘以2，因为公式给出了周期回报和相关时期，对于债券，通常是6个月。为了将6个月的周期收益率转换为APR，我们将3%的周期收益乘以2，得到6%的APR。我们在这个例子中发现，即使债券根本不支付任何息票，如果利率不变化，投资者仍然可以赚取预期的到期收益率。

然而，如果利率发生变化，投资者所能获得的回报也会发生变化。假设你试图在9年后出售债券，当时的利率是20%。在这种情况下，你试图出售你的债券，但没有人愿意支付超过823.45美元。这是因为，如果高于这一价格，并在一年后获得1 000美元回报的投资者，无法获得20%的回报，同一笔钱他们在其他地方是能获得20%的回报的。如果你以823.45美元的价格出售债券，在你持有贷款的九年期间你的实际回报率将是4.5%［RATE(18,0,-553.68,823.45,FLASE)×2］。你可能会注意到4.5%比你预期的6%要低。这是因为市场利率从你购买债券到你出售债券的期间一直在上升。这就是我们在前一章中提到的利率风险。你还应注意，如果你在 9 年之后没有出售债券，并且持有该债券一年以上以便在到期日收到 1 000 美元，那么你实现的回报将是 6%，这与你购买该债券时的到期收益率相同，而不考虑到期时的现行利率。当你购买债券时，你可以确定在到期时是可以获得相应回报的。然而，如果你在到期前出售债券，你永远不知道你的实际收益是多少。在这种情况下，实际收益取决于你出售债券时的现行利率。

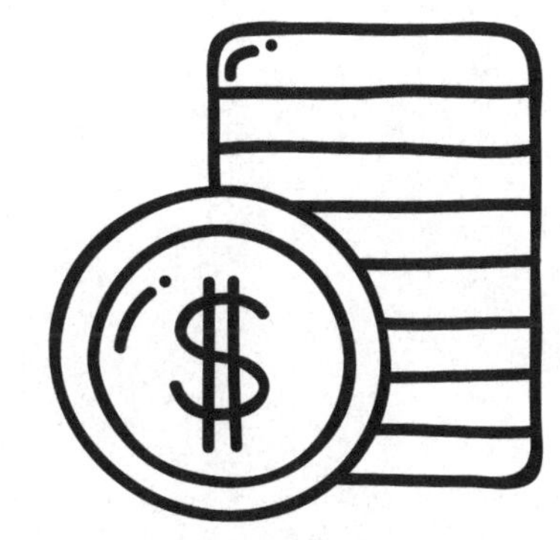

第九章　股票

根据第八章谈到的资产和负债的定义，债券和股票都是资产。债券可以通过息票支付形式获取收益现金流，或通过到期时面值支付的方式获取资本现金流，或通过卖出债券获得现金流。当你购买股票时，你购买的是股息，这也属于收入现金流。然而股票没有到期日。与股票相关的资本现金流是你卖出股票的价格。当你出售股票时，你出售了未来所有股息的所有权，买方则根据这些现金流的现值来决定支付价格。

股息的作用

有些股票不支付股息，那么投资者为什么要购买这些股票呢？因为投资者认为即使这些股票今天不能支付股息，它在将来的某个时候也会支付股息。如果情况不是这样，股票所有者就不会认为在未来可以获得任何现金流，因此也就不会愿意以任何价格来购买这样的股票。你可能认为，即使股票不支付股息，你也可以通过卖出股票获得现金流。然而，要想卖出股票，买家需要有一定的现金流预期，这样才会愿意买进。归根结底，股票的价值取决于未来的股息。

股票估值

股票支付固定股息

现在让我们思考一下如何求出股票的价值。金融系统中任何东西的价值都是预期未来现金流的现值。然而，与债券不同，股票没有到期日。因此，人们希望永远获得股息。这些现金流没有到期日，如何求出其现值呢？如果每个时期的现金流都是一样的，那么它就是一个永续年金，我们知道如何找到这种永续年金的价值。你要做的就是用周期性的现金流除以周期性的贴现率。事实上，有些股票承诺每一段时期都有固定的股息，它们就是一种优先股。找到这些股票的价值很简单。例如，每 6 个月支付 2 美元股息、要求回报率为 10%的优先股价值为 40 美元（2/5%）。请注意，我们在计算中使用了 5%作为贴现率。这是因为相关的时间是 6 个月（半年）。因此，相应的周期性的贴现率为 5%（即 10%/2）。

股息增长率不变的股票

然而，当我们试图发现普通股的价值时，事情就变得有点困难了，因为股息在未来不会保持不变。随着公司的发展，股东们期望在未来能获得更高的股息。幸运的是，我们确实有一个公式来计算股票的价值，假设它的股息预期会随时间增长，但速度不变，这个公式称为常数股利增长模型。在以前，它被称为戈登增长模型。

1. 常数股利增长模型

假设有一只股票昨天支付了 2 美元的股息，该股去年的股息为 1.94

美元，前年为 1.88 美元，再往前一年为 1.83 美元。根据这些数据，你知道未来的股息不会是 2 美元，且会随着时间的增长稳步增长。

如果你把 1.83 作为现值，-2 作为未来价值，周期数为 3，然后用 Excel 函数求利率，你会发现过去 3 年股息每年增长 3%（见图 9.1）。

时间	已付股利/美元	运算过程
昨天	2	PV = 1.83
一年前	1.94	FV = -2
两年前	1.88	Nper = 3
三年前	1.83	=RATE（3，0，1.83，-2）= 3%

图 9.1　Excel 函数求利率计算过程

有些人可能想知道为什么我们在这里使用速率函数，为什么我们输入的 FV 为-2。注意，利率只是你的钱增长的速度。因此，我们可以使用相同的函数和逻辑来计算任何事物的增长率。负号的使用只是为了确保 Excel 函数能计算出正确结果，Excel 函数的作用是计算贷款的利率，你需要在将来偿还今天的贷款。负号通常表示现金流出。这里是想计算股息增长的速度，这样我们就可以对未来股息的增长速度做出合理的假设。你可能还会遇到速率函数的 PMT 组件问题。在这种情况下，把零作为支付的价值。我们只是想计算股息在 3 年内从 1.83 美元增长到 2 美元的年增长率是多少。

如果你觉得上面的计算有点混乱，也不必太担心。因为还有另一种方法可以计算股息的增长率。你可以简单地把每个周期的红利除以上一个周期的红利然后减去 1。例如，2 除以 1.94 等于 1.03，1.03 减去 1，也就是 3%，这是当年股息的增长率。类似地，你可以计算每个时期的增长率。由于四舍五入的原因，你不会每次都刚好得到 3%，但总体来说你会看到大的趋势。根据公司过往的股息情况，我们可以合理地假设，公司未来将继续每年向股东增加3%的股息。

一旦我们做了这个假设，就可以用常数股利增长模型的公式来计算股票的价值。在讨论模型之前，让我们先考虑一下这种假设在现实世界中是否真的成立。答案是肯定的。有很多成熟的公司已经连续50个季度在不断提高股息。这表明公司在不断地增加股息，我们做出这样的假设也是合理的。

现在让我们回到常数股利增长模型，模型如下所示：

$$V_0=\frac{D_1}{K-g}=\frac{D_0\times(1+g)}{K-g}$$

V_0 表示股票在0时刻的价值，也就是今天的价值。D_1 表示时刻1的股息，表示股东在第一个周期结束时的预期股息。K 表示股票的要求回报率。这是股东投资股票所需要的回报，其风险与你所评估的股票相同。最后，g 代表股息预期增长率，即上文计算出的3%。时间1的预期股息可以很容易地计算出，即公司支付的最后股息乘以1与增长率之和。通过这个公式，我们已经假设公司的股息将以每年 g 的速度增长。因此，时间1的红利必然是 $D_0\times(1+g)$。

在上述例子中，我们已经知道了公司的预期增长率 g 不变，为3%，那我们就可以计算下一时期的预期股息。在我们的例子中，相关的周期是一年，因为公司的股息一直在逐年增长。从现在起一年的预期股息是2.06［2×(1+0.03)］美元。现在我们需要计算要求回报率 K。

股票的要求回报率由许多因素决定，但最重要的两个因素是：市场的现行利率和股票的系统性风险。由于股票没有到期日，在这种情况下，现行利率由长期政府债券的利率来确定。即使股票被认为是零系统风险，投资者仍然会要求其投资可以获得基本回报。如前文所述，系统性风险是指由于整体经济的变化而引起的投资现金流的不确定性变化。有些股票在经济上升期表现很好，但在经济不景气时表现很差。这类股票可以说有很高的系统性风险。其他股票，通常被称为防卫型股票，受经济状况的影响相对较小。例如，公用事业公司（提供电力或水的公司）的股票，即使在经济不景气时，仍保持着稳定的现金流。因为在经济不景气的时候，人们不会停止使用电或水，在经济景气的时候，尽管经济状况有一些变化，使用量也不会有较大的增长。

股票的系统风险是用贝塔（β）来衡量的。贝塔的平均值是1。这意味着，当整体股市下跌2%时，股票的价值会下降2%，而当整体股市上涨2%时，股票的价值会上涨2%。然而，当市场上涨2%时，可能会有另一只股票上涨4%；当市场下跌1.5%时，这只股票可能会下跌3%。在这种情况下，这只股票的贝塔值为2，因为这只股票的平均波动幅度是市场的两倍。让我们假设一种公司股票，它的贝塔值是2。航空公司就是一个例子。当经济状况良好的时候，人们为了度假和商务出行，而在经济不景气的时候，他们会减少旅行。因此，这样的公司更容易受到经济状况的影响。一旦我们有了股票的贝塔值，我们就可以很容易地计算出所需的回报率K。K可以通过资本资产定价模型（CAPM模型）来计算，公式如下：

$$K = 无风险利率 + \beta \times (市场回报率 - 无风险利率)$$

无风险利率是政府长期债券的现行利率。市场回报率是基于市场的平均历史回报率得出的。当我们用市场回报率减去无风险利率，就得到市场风险溢价。市场风险溢价是投资于股票市场的风险补偿。当你投资股票市场时，你无法避免会遇到一些风险。然而，投资者不喜欢风险，因此，当他们不得不承担风险时，他们会要求更高的回报。你们中的一些人可能想知道“市场”这个词在股票的市场回报率中的具体含义。但是，市场这个词并没有一个通用的定义，在美国它通常被定义为美国最大的500家上市公司。当一只股票的风险与市场风险一样，它的贝塔值是1。这意味着股票几乎随市场变化而变化。在这种情况下，当你运用

CAPM 模型计算，你会得出 K 值，即股票的要求回报率与市场回报率相同。假设 12%的市场回报率和 3%的无风险利率，在我们的例子中股票的贝塔值为 1.5，则股票的要求回报率 K 为 16.5% [3%+1.5×(12%−3%)]。

现在我们有 K、g 和 D_1 的值，就可以算出股票的价值是 15.26 美元 [2.06/(0.165−0.03)]。理论上，如果股票的当前价格明显低于 15.26 美元，你会认为自己的假设是正确的，你会想买这只股票。反之，如果当前价格明显高于 15.26 美元，你会想卖掉这只股票，因为这意味着其他人愿意以更高的价格购买这只你认为价值 15.26 美元的股票，比如 17 美元。

2. 模型假设

我们的计算结果是股票价值 15.26 美元，你或许想知道为什么实际上股票价值会发生变化。这背后有很多原因。我们对价值的估计都是根据假设算出的。这里有四个假设：第一，因为使用常数股利增长模型，我们假设公司将继续以固定的增长率永远增加其股息。第二，我们假设每年的增长率是 3%。第三，我们估计股票的风险是市场风险的 1.5 倍。第四，我们假设投资者对整个股票市场的必要回报率设定为 12%。

我们需要明白的是以上只是假设，并不一定都是正确的。让我们逐一证明每个假设。

第一，几十年来一直持续增加股息的公司完全停止支付股息的可能性是存在的，因此，假设股息永远持续增长可能有些牵强。例如，通用电气在 2009 年度削减股息，哪怕它在此之前已持续支付超过 100 个季度的股息。

第二，即使公司年复一年地支付股息，也不一定正好是 3%的增长率。股息增长率可以今年是 2.7%，明年是 3.3%。增长率即使发生微小变化也可能导致使用常数股利增长模型估计的股票价值发生巨大变化。比如说，一只股票预计明年将支付 5 美元的股息，要求回报率为 6%，增长率为3%。那么股票的价值将是166.67美元［5/(0.06-0.03)］。然而，如果我们使用3.5%的增长率，则股票价值估计将是200美元［5/(0.06-0.035)］。仅仅0.5%的变动，就会导致股票估值高出20%。

第三，我们估计股票的贝塔值是1.5。这个估计通常是基于股票价格相对于市场的历史变动情况。然而，没有具体的规定，要观察多少数据来计算贝塔值，通常条件不同计算的贝塔值也是不同的，这取决于你对历史价格的观察以及你计算贝塔值的方式。在雅虎和谷歌等网站上，你经常可以看到股票的贝塔值。然而，你会发现同一股票在不同网站的估计值是不同的，有时偏差甚至非常严重。而且，一只股票在过去是有风险的，并不意味着它在未来也会有风险，反之亦然。公司是发展的实体，他们的风险取决于他们的商业模式、产品和增长策略。因此，他们的风险状况会随着时间的推移而变化。此外，投资者对公司相关风险的看法也会随着时间而变化。因此，贝塔估计值在不同的投资者之间可能存在差异，即使他们使用相同的常数股利增长模型来估计股票的价值。

第四，基于股票市场历史收益计算的市场收益，可能会让投资者高估或低估目前投资市场的要求回报率。投资者可能会对投资一个具有特定风险水平的股票要求10%的回报，但之后投资者可能会要求同样风险水平的股票获得12%的回报。这可能只是因为投资者不太愿意之后冒险，或者因为政治或经济方面发生了一些事情。随着市场回报和贝塔估计值的变化，在常数股利增长模型中所需的回报率K也发生了变化。例如，你计算一个公司的贝塔值为1.2，市场回报率估计为10%，假设无风险利率为3%，股票的要求回报率为11.4%［3%+1.2×(10%-3%)］，明年的股息是5美元，而g是3%，那么股票的估计价值为59.52美元。然而，如果贝塔值变为1，价值估计值将增加到71.43美元。这意味着，贝塔值仅仅0.2的变化就会导致估计值增加20%［(71.43-59.52)/59.52］。同样，市场回报的微小变化也有可能导致股票估值的大幅变动。

总体来说，以上讨论表明，用常数股利增长模型计算的股票价值只是基于某种假设下的估计。不同的投资者可能会做出不同的假设，从而得出不同的结果。这就是股票市场能够运作良好的原因。当投资者 A 以 80 美元的价格购买股票时，他认为这笔交易划算，因为基于他的假设，他估计股票的价值高于他支付的 80 美元价格。与此同时以 80 美元出售股票的投资者 B 也认为，这是一个很好的交易，因为据他估计的股票价值还不到 80 美元，他很高兴得到 80 美元。做出更好假设的投资者可能会更加接近股票的真实价值，并可能获得更高的回报，但没有人真正知道股票的真实价值是多少。如果你的假设更加准确，你在做出购买或售出决定时也会更加准确。不管怎样，对于股票市场来说，重要的是人们有不同的观点，所以有人愿意购买别人正在出售的股票。

3. 预期股息收益率和资本利得收益率

让我们重新审视一下我们之前估值的股票。预计增长率为 3%，要求回报率为 16.5%，下一个季度的股息预计为 2.06 美元。我们估计股票在 0 时刻（现在）的现值是 15.26 美元。我们之前了解到，投资于公司股票的投资者期望以股息收益和资本收益的形式获得回报。现在，我们将以 15.26 美元的估计价格来计算购买该股票的投资者的预期收益。从现在起一年后，投资者预计将获得 2.06 美元的股息。由于他的投资为 15.26 美元，他的股息收益率为 13.5%（2.06/15.26）。现在的问题是，在得到股息后，如果投资者决定出售他的股票，他能以什么样的价格出售呢？让我们估算一下这只股票在第一年年末的价值，即 15.72 美元［2.06 ×(1 + 0.03)/(0.165 - 0.03)］。我们用 D_1 乘以 1.03（1 + 3%）得到 D_2。如果投资者以 15.72 美元的价格出售股票，他的利润将是 0.46 美元（15.72 - 15.26）。这 46 美分的利润是投资者的资本收益。用百分比计算，0.46 的收益即代表 3%（0.46/15.26）的收益率。如果我们将这 3%的资本收益率和 13.5%的股息收益率结合起来，我们会发现投资者将获得 16.5%的收益。这正好等于你要求的股票回报率 16.5%。

4. 股息增长率和预期资本收益率

然而，在这个计算中可能还有另外一个数字没有引起你的注意。我们假设股息增长率为 3%。资本收益率也是 3%，这并不是巧合。在固定股利增长模型中，预期的资本收益总是等于股息增长率的。如果你对下一年（也就是从现在算起的第 2 年）再次进行计算，你会发现，与第 1 年相比，第 2 年的估计股价预计也会增长 g，即股息增长率。在表 9.1 中，我通过计算来演示这一点。

表 9.1　固定股利增长模型中的股息增长率计算

t	已付股息/美元 D	股票估值/美元 V	股息收益率 $(D_{t+1})/V_t$	资本收益率 $(V_{t+1}-V_t)/V_t$
0	2.00	15.26	13.5%	3.0%
1	2.06	15.72	13.5%	3.0%
2	2.12	16.19	13.5%	3.0%
3	2.19	16.67	13.5%	3.0%
4	2.25	17.17	13.5%	
5	2.32			

请注意，如果你今天购买股票并持有一年，你将获得 2.06 美元的股息，这是你投资额（15.26 美元）的 13.5%，因为股票价格上升到 15.72 美元，在你投资 15.26 美元的情况下增长了 3%。然而，如果你选择在第一年之后不以每股 15.72 美元的预期价格出售股票，这就相当于你以 15.72 美元的价格又做了一次投资。想想看，你以 15.72 美元的价格出售

了股票，得到了总要求回报率 16.5%，然后又决定再投资 15.72 美元。明年你预计会得到 2.12 美元的股息。在你的投资中，2.12 美元仅占 15.72 美元的 13.5%。虽然股息有所增加，但股息率保持不变。再过一年后，你有望以 16.19 美元的价格出售股票，比你 15.72 美元的收购价高出 47 美分，同样是占 15.72 美元投资的 3%。

5. 预期收益率与实际回报率

我们需要强调的是，以上计算的股息收益率和资本收益率都是预期收益率。实际上，你的收益率不太可能与我们上面计算的结果完全一样。首先，该公司虽然很可能从现在起每年支付 2.06 美元的预期股息，但你也有可能得不到股息。更重要的是，一年后的股价极有可能达不到 15.72 美元。例如，第一年年末股票的市场价格是 14.5 美元。已实现的收益将计算为现金流入总额除以现金流出减去 1 的总和。总现金流入为 16.56 美元，其中股息为 2.06 美元，14.5 美元为出售股票所得。15.26 美元的股票投资属于现金流出。实际回报率为 8.5% [(16.56/15.26) − 1]，这是我们之前计算的 13.5% 的股息收益率和 −5% 的资本收益率 [(14.5 − 15.26)/15.26]。

在上面的例子中，8.5% 的实际回报率明显低于 16.5% 的预期收益率。这在现实世界中并不少见。在进行投资时，预期的投资必须等于要求的投资回报率。如果不是这样，投资者就不太可能对该股票进行投资。然而，一旦投资结束，实际回报率可能会大大低于或高于要求回报率。即使你做了所有有效的假设，并做了所有的计算来评估股票的真实价值，在进行原始投资时，实际回报率不太可能等于预期回报或要求回报。

这样的结果似乎让人失望，因为似乎即使做出的假设和股票估值都是正确的，投资仍可能是赔钱的。这也是大家不愿意碰到的。当你做出假设并对股票估值时，如果你的假设是正确的，你在分析时所获的估值才是有效的。虽然我们根据自己的计算进行投资，但是市场环境和公司本身是在不断地发生变化。有关经济、政治、行业和公司本身都是无法预测的。这些变化会影响公司的预期现金流，而股票是从公司的预期现金流中确定价值。预期现金流发生改变，公司的价值也随之改变。此外，利率、投资者的心态及对风险的担忧也会随着时间的推移而改变，从而影响股票的价值。例如，你投资了上述股票之后，政府可能会出台一项增加公司运营成本的新规定，从而减少公司的预期现金流。随着现金流的减少，公司会减少对运营的投资，从而降低利润增长率，这也就降低了股票的价值。即使当你买股票的时候你可能会以公平的价格买进并期望得到16.5%的回报，但是现在股票的价值和价格会下降。在此之后，你在年末出售股票时，很可能不会得到你预期的15.72美元的价格，甚至还会更低。

投资者的实际收益通常与预期收益不一致。股票价格每秒钟都在变化，各种事情都可能会发生。当事情发生时，投资者总是试图分析这件事情对公司现金流的影响，这会影响投资者对公司发展前景的判断，同时这也会左右投资者购买股票的意愿。如果这些事件对公司有利，公司价值就会上升，从而导致一些之前对这公司股票不感兴趣的投资者变得对其感兴趣。这增加了投资者对该股票的需求，从而提高了其价格，使其接近实际价值的水平。当事件对公司不利时，更少的人愿意以现行价格购买股票，而更多的人愿意出售。

6. 实现利润取决于他人

投资背后的整个想法是确定目前售卖的股票的价格远远低于你根据自己的假设所估计的股票价值。如果你的假设和预测是正确的，那么未来你的预测就会实现，这也会让其他投资者最终会意识到他们的假设是有缺陷的。当其他投资者据此更新了他们的假设，他们会得到更高的股票估值，并愿意支付更高的价格购买股票。当这种情况发生时，你就能够卖出你的股票。考虑到你之前以较低的价格购买了这只股票，你的投资将会得到很好的回报。例如，你估计我们示例中的股票价值为 15.26 美元，而且你的假设是正确的。然而，大多数投资者对公司的增长前景并不看好，认为股票只会有 1%的增长率。因此你可以用 13 美元买到股票。在你买了股票 6 个月后，公司公布了它的年度收益，证明公司发展得很好。基于这一信息，其他投资者使用 3%的增长率假设更新了他们对股票的估值。结果，股票年末的价格变成了 15.72 美元。因为你花了 13 美元买了这只股票。你的利润是 4.78 美元（15.72 - 13 + 2.06）。这相当于 36.8%的回报率，远高于该股 16.5%的要求回报率。

不过，你需要认识到，即使你认为某公司的发展前景很好，基于你的假设和预测购买股票价格远低于你估值的股票，这些投资的获利也是有赖于其他投资者的。因为只有当其他投资者也意识到股票有更好的增长前景和更有价值的时候，你才能从你的投资中获益。当他们意识到股票的真正价值时，对股票的需求就会增加，从而提高股票的价格。只有这样，你才能以更高的价格出售你的股票，以获得额外的回报。如果其他投资者一直没发现公司的真正潜力，并且该公司发生了一些意外事件，从而阻止了公司的发展，这就会导致你投资亏损。

当然，也存在这样的情况：有时投资者认为某公司有发展潜力，但要证明自己的假设是正确的所花费的时间会很长，很可能在投资过程中逐渐失去信心和耐心，最终提前卖掉股票。不管怎样，在这种情况下，投资者可能最终会蒙受损失，尽管他拥有高超的估值技巧，尽管他的预测最终被证明是正确的。

7. 增长率假设的复杂性

当使用常数股利增长模型来估计股票价值时，你必须非常小心。你的增长率假设是非常关键的。假设增长率为5%或更高是很诱人的，然而，理论上讲这是错误的。尽管在可预见的未来，公司增长率会很高，但历史表明，一家公司不可能永远以5%或更高的速度增长。我们假设兔子和乌龟在赛跑，不管乌龟跑得多快，只要兔子跑得比乌龟快，又没有时间限制的话，兔子迟早会超过乌龟。同样，回望历史，我们知道全球经济增长率不超过3.5%。如果我们假设一家公司将永远以5%的速度增长，那么不管公司目前的规模如何，按照我们的假设，这家公司的规模迟早会超过全球经济。显然，鉴于该公司本身就是全球经济的一部分，这件事是不可能发生的。尽管存在这种理论上的限制，但你会发现，一些金融专业人士，甚至是备受尊敬的分析师，在使用常数股利增长模型时，有时也会在理论上做出这种不可能实现的假设。我将在下面解释为什么会有这种事情发生。

举个例子，现在假设你可以选择购买一项资产，在未来30年里每年支付你100美元，要求的回报率是18%。这笔资产对你来说值多少钱？答案是551.68美元。你可以用Excel的PV函数计算，其中NPER为30，回报率为18%，PMT为100，FV为0。如果有另一种资产每年支付100美元，持续70年，那么这种资产应该值多少钱？答案是555.55美元。最后，如果一项资产每年支付100美元，期限为永久，那么这种资产值多少钱呢？答案是555.56美元。我们需要注意的是：70年后每年收到的100美元现金流今天的价值不到1美分（永远期限的资产价值减去70年到期的资产价值）。从理论上讲，每年100美元的永恒支付将会累加到无穷大，但考虑到货币的时间价值，所有这些支付在今天都是零价值。此外，即使是从第30年起至第70年的年度付款，今天的价值也不超过3.87美元（555.55 - 551.68）。实际上，永久资产的所有价值都可以归因于在可预见的将来会收到的现金流，尽管资产每年都要支付，直到永远。同样，当分析师假设公司的增长率高于常数股利增长模型的理论上可能的增长率时，引入的误差相对较小。这是因为这种假设虽然过高估计了以后的现金流，但对现值估计的影响很小。

股息增长率超正常的股票

尽管在前一节中提出了一些意见，但我们将学习一种方法来评估目前以不可持续的高增长率增长的股票。如上所述，使用常数股利增长模型来评估这类股票在理论上是不合理的。如果使用理论上合理的低增长率假设，我们将得到一个非常低的股票价值估计。在现实生活中使用这种价值评估来进行投资决策，可能会导致非常严重的后果。另外，如果我们使用高增长率来估算价值，我们将违背模型的基本假设。

假设一家公司刚刚支付了2美元的股息，这是公司有史以来第一次支付股息。你预计这家公司在未来五年内会持续快速增长。五年之后，该公司预计将发展得较为成熟，其股息预计将以可持续不变的速度增长。让我提醒你，无论一家公司在短期内发展得多快，它迟早会成熟，从长远来看会以相对较慢的速度增长。举例来说，当一家公司规模很小，销售额只有 1 000 万美元时，你可以合理地预期这家公司未来五年的年增长率将达到20%甚至更高。即使有如此高的增长率，公司的销售额也只是增长到 2 500 万美元，这是一个相对温和的数字。反之，对于一家销售额达 1 000 亿美元的公司来说，在未来五年里每年的销售额增长 20%是非常困难的。随着公司的成长，保持原来的增长速度变得越来越困难，他们开始表现得像成熟公司一样。

回到我们的例子，假设你希望公司第一年增长 25%，第二年增长 20%，第三年增长 16%，第四年增长 10%，第五年增长 6%。五年之后，你期望公司成熟并以每年 3%的固定增长率增长。尽管增长率是不稳定的，但我们可以通过此方法算出公司股票的价值。让我们假设股票的要求回报率是 12%。在表 9. 2 中，我们根据例子中假设的增长率计算每个时期的预期股息。

表 9. 2　每个时期的预期股息

t	g	股息/美元
0		2. 00
1	25%	2. 50
2	20%	3. 00
3	16%	3. 48
4	10%	3. 83
5	6%	4. 06
6	3%	4. 18

一旦我们计算了预期股息，我们就可以在时间线上标出对应的股息（见图 9. 2）。你应该注意到，我没有把刚刚支付的 2 美元股息标在下面的

时间线上。这是因为一旦支付了股息，股票就没有任何价值。股票的价值只来自未来的现金流。任何今天购买股票的人都不会得到2美元的股息，因此过去的股息在这种情况下无关紧要。过去的股息只会在一定程度上帮助我们对未来的股息有更好的预期。

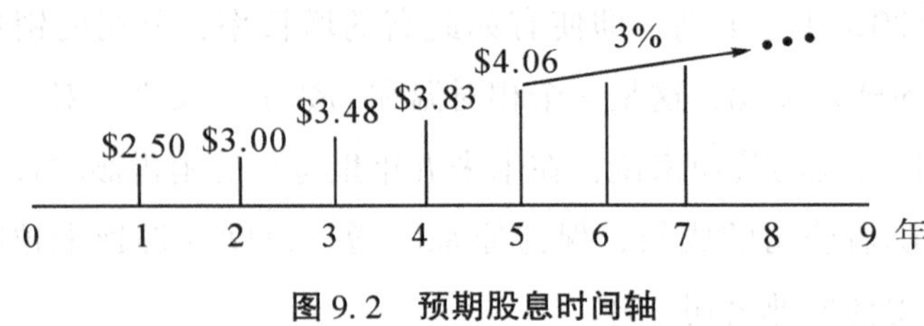

图9.2　预期股息时间轴

假设我们在第五年年末，刚刚收到4.06美元的股息，如图9.2所示。目前的股票已经到期，预计将以每年3%的恒定增长率增长。我们可以用常数股利增长模型计算出股票在第五年年末的价值作为所有未来股利的现值。股票价值估计为46.44美元［$D_6/(K-g)$，即4.18/(0.12-0.03)］。假设今天购买股票的投资者将在第五年年末收到股息后立即出售股票，则现金流如图9.3所示。

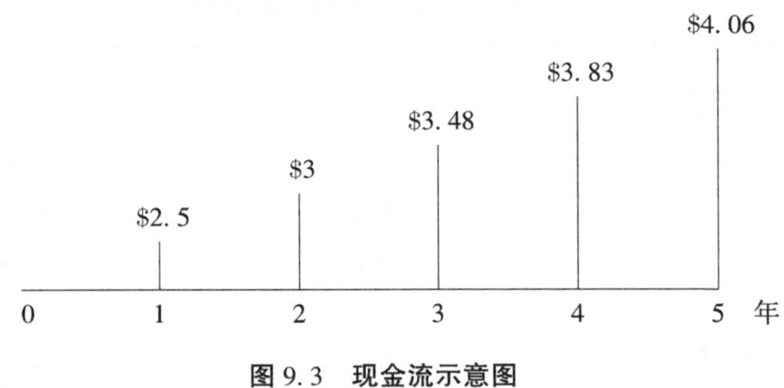

图9.3　现金流示意图

现在我们可以像看待其他现金流一样看待上面的现金流。如果现金流是相同的，并且与现金流相关的风险保证了相同的要求回报率，那么不管资产的类型是什么，代表这些现金流的资产的价值都将是相同的。

基于这一点，我们需要做的是找到股票的价值，求出要求回报率为12%的现值。如图9.4所示，投资者通过投资股票所能获得的现金流的现值为38.19美元。我们通过增加每个现金流的PV得到这个值。股息为2.50美元的一年，现值是2.23美元（2.50/1.12），而两年后现值为2.39美元[3/(1.12)^2]，等等。因此，这只股票五年后的估值为38.19美元。

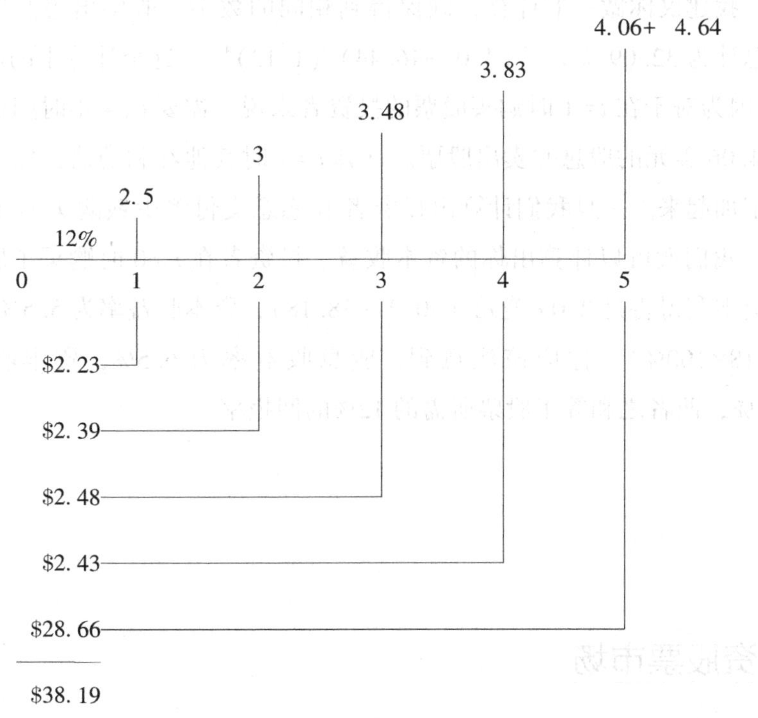

图9.4　股票的估值

我要指出的是，投资者投资任何资产都是为了获得回报，比如投资者投资上述股票，要求12%的年回报率，我们可以证明一下上述例子中的回报率是12%。我们发现五年后的股票估值是38.19美元。你将在第一年年末得到2.5美元的股息。你的股息收益率将为6.5%（2.5/38.19×100%）。现在让我们来计算一下你的资本收益。如果你在第一年年末收到股息后卖掉股票，你预计能得到多少股息？假设投资者 B 考虑在年末购买这只股票。如果他买了股票，B 在 $t=1$ 时不会得到 2.5 美元的股息。他只会得到 2~5 年的股息。如果投资者 B 在得到股息 4.06 美元后以 $t=5$ 的价格出售股票，他可以预计得到 46.44 美元。当 $t=1$ 时，我们可以求出在第五年年末出售股票的股息和预期现金流的现值，即 40.27 美元。

我建议你做一下计算，确保得到相同的数字。股票出售的现值与分红总计为 32.09 美元［$(4.06+46.44)/(1.12)^4$］。这个计算中的周期数是 4，因为对于在 $t=1$ 时购买股票的投资者来说，需要花 4 年时间他才能得到 4.06 美元的股息并卖出股票。计算 $t=1$ 时其他红利的值，然后把这些数字加起来。一旦我们计算出投资者 B 愿意支付多少钱购买 $t=1$ 时的股票，我们就可以计算出你的资本收益。投资者在 $t=0$ 时购买了股票，你的资本利得将是 2.09 美元（40.27−38.18），资本收益率为 5.5%（2.09/38.18×100%）。你应该注意到，股息收益率为 6.5%，资本收益率为 5.5%，两者之和等于股票所需的 12%的回报率。

投资股票市场

肯定有人想知道怎样才能成为公司的股东。如今，购买一家公司的股票相对容易。在美国，你可以登录 etrade.com 等折扣经纪公司的网站，然后提交申请，开设一个经纪账户。在其他国家，开设经纪账户的过程也在变得更加简单和容易，尽管不同国家的规则和流程有所不同。一旦你开了一个经纪账户，你就可以把钱存入这个账户，然后开始购买股票，就是这么简单。

用保证金购买股票

不过，在你真正开始购买股票之前，你应该先了解一些术语。首先，即使你能够获得一个保证金账户，你也应该非常小心地使用这个工具。在保证金账户中，你可以用50美元或更少的资金购买价值100美元的股票。其余的钱由经纪公司以相对较低的利率借给你。经纪公司把你的股票作为证券保管。如果股票价格跌至某一特定数额以下，你就会接到经纪公司的电话，要求你在规定的时间内把更多的钱存入账户。这被称为追加保证金通知。如果你无法在规定的期限内将钱存入你的账户，经纪公司会出售你的股票以收回资金，剩余的钱会存入你的账户。即使你可能不想这样做，你的股票也会被亏本出售。因此，在成为一个经验丰富的投资者之前，你应该避免使用保证金购买。

市场与限价指令

在你承担风险购买股票之前，你必须先知道一些相关条款。当你购买股票时，你可以指示你的经纪公司以当前市场价格购买某公司的100股股票。当你这样做时，就是遵守市场秩序。当你以100股的倍数买入或卖出股票时，这称为整数订单。你还可以选定你愿意买入或卖出股票的价格。这样的订单称为限价订单。例如，DDD公司的股票目前售价为45美元。你想以43美元的价格购买100股DDD。你可以下一个限价指令，当DDD的价格下跌到43美元时，指示你的经纪公司购买DDD的股票。类似地，你可能持有100股EEE公司股票，而该股票目前可能以23美元的价格出售。一旦股价涨至每股24.25美元，你可以发出限价令出售你的股票。不过，你应该注意，股票价格可能永远不会达到你在限价指令中给出的限价（买入和卖出指令中的43美元和24.25美元）。在这种情况下，你的命令将不会被执行。

初级与次级市场交易

你可能会认为，当你下订单购买 100 股 ABC 公司的股票时，你是在和 ABC 公司做生意。然而事实上，ABC 公司与你的交易完全无关。你是从另一个投资者那里买股票，因为他碰巧持有 ABC 公司的股票，而他也是从另一个投资者那里买的……该公司最初向某人发行股票，但这些股票可能在你购买之前就转手数次。除公司首次向公众出售股份外，以后所有交易均发生在两名投资者之间。这种交易称为次级市场交易。公司向公众出售股份的第一笔交易称为初级市场交易。你可能会惊讶地发现，在今天发生的大多数交易中，并没有“人”参与其中。我这样说的意思是，即使是买卖的决定也不是由人类决定的，而是由计算机算法决定的。

道琼斯工业平均指数，纽约证券交易所和纳斯达克指数

最后，当我们讨论股票市场的话题时，你可能听过这样的话：“今天道琼斯指数上涨了 110 点”。你可能想知道这意味着什么。让我来讲清楚几个你可能听过但不是很明白的词。道琼斯指数的全称是道琼斯工业平均指数。人们通常想知道股票市场上的股票价格在某一天是普遍上涨还是下跌的，即投资者想知道他的股票是否上涨。然而，电视新闻主播很难宣布所有股票的价格。因此，他们通过道琼斯指数告诉你美国 30 家不同行业的大公司整体发生了什么。当他们说道琼斯指数上涨了 110 点或 0.5%时，并不意味着这 30 只股票都上涨了 0.5%。事实上，30 只股票中有一些可能价格下跌。不过，如果你在这 30 只股票中每一只都投资了 1 000 美元，那么你的投资组合当天的总价值就会增加 0.5%。所以人们一般把道琼斯指数的走势看作是经济运行状况的一个指标。如果当天道琼斯指数上涨，你的股票在那一天上涨的可能性就会更高。同样，你可

能听说过纽约证券交易所（NYSE）和纳斯达克。当一家公司想要向公众出售股票时，它会在纽约证券交易所上市，这是一个买卖股票的市场。为了确保某些公司不利用公众利益，纽约证券交易所只允许符合政府信息披露和财务准则规定的，且有一定规模的公司上市。现在我们有了纳斯达克，它也像纽约证券交易所一样，都是证券交易所，但它不是股票交易的实体市场，而是一个电子平台。由于公司在纳斯达克上市所需的最小资产规模低于纽约证券交易所的要求，新科技公司通常选择在纳斯达克上市。因此，在纳斯达克交易的公司中有更大比例是科技公司。

第十章　营运资金管理

营运资金管理的重要性

很多初创企业的失败都有一个共同的原因——创业者没有意识到营运资金管理的重要性。当人们准备创业时，通常会弄清楚需要多少启动资金才能开始创业。他们要考虑购买机器、雇佣员工、支付租金等所需的资金。然而，他们往往不能准确说出净营运资金的金额。让我们试着去理解这个术语——净营运资金是指企业日常经营活动所需的净资金。这是维持货架上的库存、半成品和原材料的所需资金。它还包括贷款销售所需的资金，以及一定的银行账户余额，以满足任何不可预见的需求。这些活动所需的资金被称为劳动资金，在不损害企业正常业务和增长前景的情况下，不能从企业中提取这些资金，因为这些资金应投资于企业的正常运作。赊购销售的部分资金来自赊购原材料和其他服务。因此，一个创业者只需要维护一部分营运资金，而不需要从债权人和股东等其他来源安排全部营运资金。

例如，你计划生产和销售一些创新家具。你已经确定，你将需要200 000美元买机器，50 000美元租赁场地用于生产和办公，20 000美元购买初始木材和其他配件来制作家具，员工第一个月的工资要花费40 000美元，还需要4 000美元用于第一个月的设备费用和保险费用。假设你还需要6 000美元来支付一些杂费，那么你总计要安排32万美元来开展你的业务。你可以从个人储蓄、银行、朋友和家人的贷款中获得所需资金。你在第一个月就生产了第一批家具。你甚至卖了50%的货。只有一个问题亟待解决——顾客不用现金购买你的家具。按照行业惯例，他们可以用期限为180天的信用额度购买。你第二个月做什么？你需要继续制造家具来维持自己的生意和销售，但你也需要支付原材料的费用、工资、租金、水电费、保险和银行贷款的利息。你可以赊购木材和其他一些原材料，但其他费用呢？在接下来的五个月里，你必须不断地向公司投入更多的资金，直到你从第一个月的销售中获得现金为止。你可能会被迫以较高的利率从银行或其他实体获得额外的短期贷款。

然而，你可能会认为这是一个短期问题，因为你可以在五个月内还清贷款，之后就不用担心了。不幸的是，你错了。即使六个月后你拿到了第一次销售的付款，你也无法偿还你的短期贷款，因为你还需要这笔钱来支持生产并支付你在当月（第七个月）产生的费用。此外，并非所有买家都会付款，尤其是能按时付款。对于新公司更是如此。所以比较常见的情况是，即使在比较好的情况下，你的短期贷款和相关的高利率所持续的时间也会比你预想的要更长。但如果你计划得当，你可以从一开始就利用更可靠的资金来源，而不是短期的高利率贷款来安排资本需求。

因此，我们将在下面讨论一些营运资金管理工具，以便你能更好地进行资金管理计划。作为一名创业者，你必须证明你从投资者那里得到的每一分钱都是合理的，下面讨论的工具将允许你向投资者展示流动资金的必要性。即使经验丰富、获得现金相对容易的企业，也需要有效地管理其营运资金。这是因为，当企业管理不善时，其营运资本金将超过必要水平。由于投资于企业的每一美元都与成本相关，如果没有有效利用营运资金，企业的生产率不会提高，企业的成本也将增加，并最终降低股东的回报率。

现金管理

每个企业都必须维持一定水平的额外现金，以应付短期债务和不可预见的开支。没有一家企业能够完全预测未来的销售情况，因此，在特殊销售时期，没有足够的现金流入来满足常规的现金流出需求时，总是需要一些额外的现金来偿还债务。然而，如果一个企业保持高水平的额外现金，这些现金只会产生资本成本，而不会产生任何实质性的回报。因此，适当的现金管理需要确定适当的现金水平，以维持业务的正常运作，并产生尽可能高的现金回报。它还需要使用适当的方法来管理支付浮差和托收浮差。

你可能想知道即使有更好的资金转移方法，为什么大公司还是坚持给你邮寄支票呢？这是因为通过邮寄支票给你，他们可以在额外的几天里继续从他们的钱中赚取利息。企业通常接受支票上的邮戳日期作为付款日期。但是，从支票邮寄到收款人收到支票之日起，至少要过几天，将支票存入该收款人的账户，支票就会结清，从而将款项从付款人的账户转入收款人的账户。如果所涉及的金额是可观的，那么在多出的几天内获得这笔钱或者多出几天的利息就是有价值的。当你的公司开支票时，支票上已经邮寄了但尚未结清那笔钱的总额就称为“支付浮差”，而当你收到支票时，同样的金额就称为“托收浮差”。两者之间的差异称为净浮账。

作为一名商人，你的目标是在最大化支出浮差的同时，最小化收款浮差。企业使用加锁信箱来加速托收。“银行保管箱”指的是邮局的保管箱，银行从这些保管箱中自动收取支票，并在同一天进行处理。加锁信箱通常位于客户附近。这样做是为了减少邮件和处理过程中的时间损失。另一种有效的方式是鼓励客户通过电子账户支付。在这种方法中，钱离开付款人的账户，并立即贷记到你的账户，从而不用花时间发送邮件，也减少了处理时间。

为了从销售或其他方面获得一些回报，企业应该使用有价证券来存放资金，直到需要这些资金为止。有价证券包括货币市场共同基金、存单、政府和公司债券以及股票。货币市场工具流动性更强，但回报率相对较低，而股票和公司债券的回报率更高，但它们也带来了较高的价值损失风险。企业必须根据自身的风险承受能力和流动性需求来选择合适的投资工具。

库存管理

维持库存的目的是为了确保在客户有需求时，成品数量是充足的，当生产需要时，原材料是充足的。如果没有适当的库存，企业可能会把客户推向竞争对手，而客户一旦与竞争对手建立关系，企业就可能永远失去这个客户。为了避免此类情况发生，保持高水平的库存以保持充足供货是非常有必要的。然而，这种策略也有风险。第一，较高的库存水平不仅增加了营运资本，也增加了企业的资本成本，同时还会增加仓储费、保险费、报废费和损耗费。第二，当一个企业的库存量很大时，就需要特定场地来存放这些货物，从而导致租金和水电费的增加。第三，还需要人力来组织安排和维持库存，这样会造成较高的人力成本。第四，随着时间推移，市场不断变化，现有库存或许已不能满足市场需求，库存价值将大大降低。第五，随着库存的增加，库存损耗也会造成费用增加。有些产品过期了，而有些产品质量下降了。第六，库存也容易因管理不善而被盗、破损和损失。虽然存货被视为一种资产，但在合理的时间内实现这种资产的公允价值可能非常困难。存货清算的出售价格会非常低廉。因此，维持高水平的库存不是一个主要的策略。企业应该确定库存水平，以平衡库存管理成本和停运成本。

为了尽量减少与原材料和半成品库存相关的成本，一些企业已经开始使用准时制（Just-In-time，JIT）系统。准时制是指企业在生产过程中及时收到原材料的一种制度。虽然理论上这样的系统是最有效的，但很难实现。要使 JIT 系统真正起作用，供应商必须位于生产厂家附近，可信度还得非常高。任何一个供应商出现了人为中断或者在运输过程中出现事故，都可能使整个生产过程停止。因此，企业经常使用传统库存方式和 JIT 系统相结合的方式进行运营。即使在使用 JIT 系统的时候，为了安全起见，企业通常也会保留一定的库存。

应收账款管理

从赊销到实际收到买方现金为止，销售金额一直是作为应收账款保留在你的账簿上的。即使把货物给卖出去了，你实际上也没有收到现金，更不能拿这笔钱来采购原材料，获取更多的销售额。对于一家企业来说，能够及时收回销售收入以维持经营是非常重要的。作为一名创业者，你很可能为了尽早把货物都销售出去，做很多让步，给很多优惠。然而，这样做会带来很严重的后果。除非你能把这些货物的销售额都收回来，否则这些交易毫无意义。通常，创业者会发现，把这些钱收回来就跟当初卖出这些产品一样困难。创业者应该在赊购之前关注买家的信誉。信誉不仅包括购买者支付的能力，还包括购买者支付的意愿。作为一名创业者，我们有太多的事情要做，当买家选择不还款时，你就会考虑采取相应的法律手段，但这非常耽误你的时间、精力和金钱。记住，买家可能也知道你的时间和资源有限，因此，他们会选择拖延付款或完全忽视这件事。

这并不是说创业者应该完全避免赊销。事实上，正确的应收账款管理可以提高销售额。创业者可以通过提供优惠的赊账条件，来吸引更多的买家，这样竞争对手的买家就会减少。然而，提供过于优惠的赊账条件是要付出巨大的代价的。如果你要向客户提供 90 天的信贷期限，而不是一般情况下的 60 天，那么你的应收账款就会从原来的 100 万美元上升到 150 万美元。这将意味着，由于宽松的赊销条件，你的资本需求将增加 50 万美元。

有时你可以用所谓的应收账款保理来收取应收账款。保理是将你对应收账款的债权以折扣价卖给其他公司的过程。买方公司专门从事应收账款的收款业务，因此能够更有效地进行收款。这样，你可以立即得到你的现金，而不必在收款这件事上投入太多时间和精力。能够及时快速地收到现金对创业者来说是非常有帮助的，因为及时获得现金可以减少企业的资金需求。如果一个企业的账簿上的应收账款为100万美元，该企业决定定期使用保理业务，那么它将减少100万美元的资本投资，从而降低其资本成本。然而，保持代理业务本身的成本可能非常高。当一个企业在60天内收取应收账款，并以2%的折扣将这笔钱计入应收账款时，它实际上支付了13%的资本利息。然而，这样的付款方式可以为创业者节省额外的资金，将其用于营运资金、坏账处理和应收账款部门的成本。

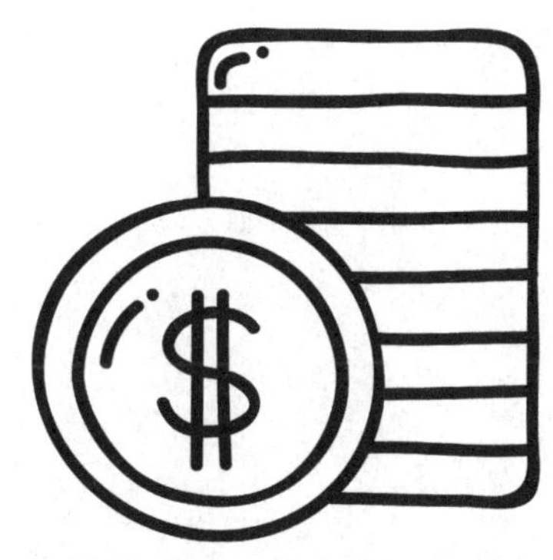

第十一章　预测

在这一章中，我们将从创业者的角度来讨论预测这个主题，主要是介绍预测的相关基本概念。当对公司估值和/或并购进行基础分析时，这些概念同样适用。如果你需要编制财务报表以达到投资决策目的，那么在了解预测的基本概念后，再阅读一些这一主题的专业书籍会更合适。

销售预测

如果你不是某个行业的先行者，销售预测的工作就会简单得多。如果竞争对手是上市公司，那么该公司的历史销售数据是可以获取的。即使竞争对手是私营公司，你也可以很容易地从竞争对手那里雇用有经验的人，并利用他的经验预测销售。无论如何，创业者往往在相关领域有几年工作经验，因此能够更好地预测销售情况。创业者可能还会有之前工作留下的客户基础。即使没有客户基础，他们也能察觉到季节性趋势、相关的外部因素，以及行业的商业周期，并能在一定程度上预测未来几个季度或几年的销售情况。

不过，当创业者在做创新的企业时，销售预测的任务是非常具有挑战性的。因为创业者做的这个领域本身是一个新领域，所以往往没有历史数据可以依循，也不能从这个领域雇佣一个有经验的人来进行预测工作。此外，任何人都无法为所有创新型创业者提供定制的模板。开始预测前，你需要把对该行业所有的了解都写下来。首先，你需要思考你到底想了解什么，时刻记住，你的目标是弄清在下几个季度你能卖出多少产品，并以什么价格出售。然后，你应该在互联网上进行搜索，访问一些相关企业的网站，并与这些企业进行交流，采访一些潜在客户，并想办法找出尽可能多的与你的客户和行业相关的信息。你应该研究一些企业的历史，这些企业可能在其启动的早期阶段遇到过与你类似的情况。在这样的研究中，你很可能会发现一些线索，产生一些新奇的想法。在整个研究过程中，你应该继续寻找你的企业和现有企业的相似之处，同时根据差异调整自己的企业。没有一个项目是完全不同于已有项目的。一旦你开始寻找，你总能找到一些业务上的相似之处。你会发现从这些相似之处有价值的答案和想法。

根据你的销售预测，你可以估计出产品在开始几个季度的总销售额，而根据你的营销计划，你能够向投资者解释你在前几个季度究竟打算如何销售这些产品。你很可能会说，我们产品的市场价值 1 亿美元，我们预计在第一年占领 5% 的市场。我强烈建议你在现阶段不要使用市场策略。关键问题在于，你如何能够占领这个市场。你的回答应该基于自己的潜在客户，最好你已经开始销售，并有一定的销售成绩。你应该回答我们将在第一季度以某某价格卖出 X 套产品，并且我们的估计是基于我们的潜在客户。这样投资者可能会更加认可你的公司。同时，这样做实操性会更强，能增强你对计划的信心，帮助你向团队成员和员工传达你的计划，让市场份额从接近于零达到你计划获得的 5% 份额。

一旦你有了销售预测，就可以展开一系列的营销行动，比如“我们将派出 X 名销售员使用这种方法接近某些特定领域的潜在客户，并投入 Y 美元通过其他方法接触其他领域的人”，等等。如果某个公司与你的领域相同，并且已占有了一定市场份额，你可以将这个公司作为参考的例子。最重要的是，你在告诉团队成员和投资者你的方案时，你自己得相信你的方案可以赢得市场。你必须知行合一，这就需要你去参考相似同行的成功之处，并根据差异做出调整。一旦你完成了这个过程，你应该能够制作一个类似下面这样的销售预测表（见表11.1）。Q1、Q2、Q3、Q4分别表示第一、第二、第三、第四季度，Y2、Y3分别表示第二、第三年。Y1为第一年，是Q1到Q4的和。

表11.1 销售预测表

	Q1	Q2	Q3	Q4	Y1	Y2	Y3
销售额	xxx	xxx	xxx	xxx	xxx	xxx	xxx

编制预计财务报表

创业者在完成了未来几个季度的销售预测工作后，就要开始绘制预计财务报表了。这一部分探讨的是，创业者应该如何确保自己的预计财务报表都是正确的，并能够帮助自己获得他人的信任。首先，我们来看看预计财务报表中的哪些问题会有损创业者的信誉。

- 创业者宣称公司的销售量将会增长20%，但是预计财务报表中公司的销货成本保持不变。
- 创业者预计公司的销量每一季度都会显著增长，但预计财务报表中的账款金额没有变化。
- 创业者的预计资产负债表中，资产与负债并不相等，或者某段时期内预计现金余额为负值或接近于0。

• 创业者没有预测到，公司需要在研发、不动产、工厂和设备上进一步增加投资以支撑逐渐上涨的销售额。

• 创业者预计自己会通过向银行贷款来为满足公司的资金需求，但是这一举动会导致公司的资产负债率异常的高。

• 在计算利息费用时，创业者假定的债务资本成本不合理。

• 创业者重复计算了某些费用（例如，创业者将某位主管的工资既计入了销货成本中，又计入了销售费用、管理费用和财务费用中）。

这里列出来的这些问题并不十分全面，但也能让创业者认识到绘制预计财务报表的复杂程度，以及前面讲到的财务比率和财务概念之间的关联性。

预计损益表

首先探讨的是预计损益表，预计损益表的框架如表 11.2 所示。

表 11.2　预计损益表

	实际	Q1	Q2	Q3	Q4	Y1	Y2	Y3
销售额	根据销售预测得出							
销货成本	占销售额的一定比例							
总利润	销售额-销货成本							
销售费用、一般和管理费用、财务费用								
租金	呈阶梯式增长或者随销售额增加而增加，随公司情况而定							
水电费	呈阶梯式增长或者随销售额增加而增加，随公司情况而定							
保险费	呈阶梯式增长或者随销售额增加而增加，随公司情况而定							
工资	随销售额增加而增加							
营销费用	随销售额增加而增加							
其他费用	随销售额增加而增加							
总计								
税息折旧前利润	总利润减销售费用、管理费用和财务费用							
折旧费用	占资产负债表中总固定资产的一定比例							
税息前利润	税息折旧前利润-折旧费用							
利息费用	占资产负债表中长期负债的一定比例，该百分比视负债成本而定							
税前利润	税息前费用减利息费用							
税费	占税前利润的一定比例							
净收益	税前利润-税费							

要想做出预测，创业者首先得知道自己目前所处的状态。因此，绘制预计财务报表时，我们需要参考公司现在的财务报表（如损益表和资

产负债表)。创业者此时的销售额很可能为0，并且创业者也没有绘制当前时期的损益表。但即使是这样，创业者也应该具备绘制出一份没有明显问题的当期资产负债表的能力。

正如前文所提到的，资产负债表分析的是公司在某一给定时间点的经营状况。创业者能够通过这张表说明公司收到了多少投资，以及这些投资都用在哪儿了，比如说，X美元用于不动产、工厂和设备的投资，Y美元用于库存上了，Z美元现在正存在银行账户中。当期损益表在绘制预计财务报表时能够起到很大作用，但它并不是绘制预计财务报表的必须要求。不过，公司当期的资产负债表是必须得有的，它能够帮助创业者确定公司目前所处的状态。

现在，我们将逐一分析预计损益表上的每一项内容。销售额是以之前做出的销售预测为基础的。每个时期的销货成本都占这一时期销售额的一定比例。除非公司的营运模式比较特殊，否则这个比例必须符合公司所在行业的规范。营运模式比较特殊的公司的预测销货成本可能的确很低，但是这种情况下，创业者应该在谈到财务计划前就明确阐述公司营运的基本原理，并给出详细的成本节约分析。如果公司营运情况较为复杂，无法明确定义其所属行业，那么创业者就需要努力确定公司早期的各类生产成本，以计算出正确的销货成本占销售额的比例。在接下来的几个季度或者几年中，预计销货成本的增长速度和销售额的增长速度一致，这也就保证了销货成本占销售额的比例会一直保持不变。

对于销售来说，一般和管理费用（SGA），以及租金、水电费和保险费等与销售额不一定都有直接联系。如果这些费用中的任何一种与销售额成比例增长，那么用在预计财务报表中，所有这些费用都应和销售额的增长率相同。如果这些费用目前都与销售额无关，那么，在预计财务报表中，这些费用可以在几个季度内保持不变。但是在将来的某个时间点，公司肯定会添加新的工作场所（以及承担随之而来的水电费和保险费）来容纳更多的员工（员工工资也会随之增加），也肯定会需要更多的其他资源来产生和支撑未来几个季度或者几年中不断增长的销售额。可以预计，这些费用会逐步增长，在假定的时间内大幅增加，之后再在这一水平停留一定时间，直到由于销售额的增长需要，这些费用再一次大幅增长。营销费用包括各种各样的费用，如销售佣金、广告费用、旅行和娱乐费用等。营销费用应该基于公司的营销计划而进行预测，并且应该足以满足预计销售增长率。销售佣金应该随销售额的增加而增加，因此预计财务报表中的销售佣金可以通过占销售额的一定百分比来体现，且这个百分比是固定不变的。公司支付的工资也预计会随销售额一同增加。随着公司规模增大，员工的总任务量也会增加，因此公司必须雇用更多的员工以完成这些任务。通过预测，随着公司不断发展，其他费用同样会随销售额增加而增加。损益表上那些与销售额同比例增长的项目都应该符合行业标准，除非公司营运模式较为特殊或者受到其他特殊事件影响。

税息折旧前利润下面的数据要么是基于预计的资产负债表项目，要么是基于税收法规计算的。折旧费用取决于公司预计使用的固定资产总额，按其占前一时期的固定资产总额的一定比例。如果固定资产的平均经济寿命是 15 年，那么折旧费用为总固定资产的 6.67%（1/15×100%）。利息费用依长期债务而定，即等于特定比例的长期债务，该比例则取决于公司的贷款总额及利率。对于接下来的几个季度或者几年中的利息费用，如果已经知道公司的贷款总额及利率，那么创业者一般能够计算出准确的利息费用。但是如果公司尚未进行贷款，那么创业者需要预设一个较高的利率，因为创业公司往往不得不支付较高的贷款利息，以补偿银行或其他机构因贷款给创业公司而承受的高风险。在预计税费时，创业者应该根据预计税前利润的大小选择相应的税率。如果预计税前利润为负值，那么预计税费应该为 0 而不是为负值。即使公司有能力承受短期亏损，也没有人可以保证公司一定能承受住长期亏损，并能从税法的结转条款中受益。由于公司在近期不大可能因亏损而被允许减免税款，所以创业者应该采取保守态度，不要寄希望于因公司损失而可以减免税款。

预计资产负债表

现在让我们把重点放在预计资产负债表上，预计资产负债表的框架如表 11.3 所示。

表 11.3　预计资产负债表

	实际	Q1	Q2	Q3	Q4/Y1	Y2	Y3
流动资产							
现金		根据预计现金流量表中的数据得出					
应收账款		占销售额的一定比例					
存货		占销货成本的一定比例					
流动资产总计							
地产、厂房及设备		呈阶梯式增长或者占销售额的一定比例					
累积折旧		前期折旧费用加上预计损益表中的折旧费用					
净固定资产		地产、厂房及设备减去累计折旧					
资产总计		流动资产总计加上净固定资产					
流动负债							
应付账款		占预计损益表中销货成本的一定比例					
应付工资		占预计损益表中公司的一定比例					
应付票据		和销售额的增长率一致					
流动负债总计							
长期负债		呈阶梯式增长以满足公司现金需要					
负债总计		流动负债总计加上长期负债					
股东权益							
普通股权益		根据公司现金需要呈阶梯式增长					
留存收益		前期净利润加上预计损益表中的净利润					
权益总计		普通股权益加上留存收益					
负债权益总计		负债总计加上权益总计					

关于上面给出的预计资产负债表框架，有几点需要说明一下。第一，前面部分给出的资产负债表中将资产和负债单独分成了两栏进行计算，虽然这里给出的预计资产负债表中没有采取那种格式，但实际上两张表中包含的信息是一样的。预计资产负债表之所以采用上面这种格式，是因为这种格式方便创业者按顺序陈列出每一项内容的价值，并对不同时期的数据进行比较。第二，编制这张预计资产负债表的前提是假定公司不会支付股息。在公司发展的初期，由于现金短缺，公司一般不会向股东支付股息，而是会将收益进行再投资以满足公司的增长需要，这就是留存收益。第三，表中 Q1 指的是公司在第一季度末的资产和负债情况，而“实际”指的是公司在目前——也就是第一季度初的实际资产和负债情况。第四，和预计损益表不同的是，预计损益表中 Y1 时的数据为 Q1 至 Q4 的数据之和，但是在预计资产负债表中，Y1 时的数据等于 Q4 时的数据，因为公司在第四季度末的资产和负债情况就是公司在第一年年末的资产和负债情况。创业者需要记住，损益表反映的是公司在一段时间内的表现情况，而资产负债表反映的是公司在某一个时间点的具体情况。第四季度末和第一年年末是同一个时间点，因此在预计资产负债表中，Q4 时的数据和 Y1 时的数据完全相同。

预计现金流量表

正如之前所提到的，现金流量表不提供任何新的信息，它提供的信息在损益表和资产负债表里就已经有了。如果创业者有能力绘制出预计损益表和预计资产负债表，那么创业者也应该有能力绘制出预计现金流量表。现金流量表的框架如表 11.4 所示。

表 11.4 预计现金流量表

	Q1	Q2	Q3	Q4	Y1	Y2	Y3
经营活动现金流量净收益	根据同一时期的损益表中的数据得出						
- 应收账款（初-末）	根据资产负债表中的数据得出（同期资产负债表中的应收账款减去前期资产负债表中的应收账款）						
- 存货（初-末）	根据资产负债表中的数据得出（同期资产负债表中的存货减去前期资产负债表中的存货）						
+ 应付账款（初-末）	根据资产负债表中的数据得出（同期资产负债表中的应付账款减去前期资产负债表中的应付账款）						
+ 应付工资（初-末）	根据资产负债表中的数据得出（同期资产负债表中的应付工资减去前期资产负债表中的应付工资）						
+ 应付票据（初-末）	根据资产负债表中的数据得出（同期资产负债表中的应付票据减去前期资产负债表中的应付票据）						
+ 折旧费用	根据同一时期的损益表中的数据得出						
经营活动现金流量净额							
投资活动现金流量							
- 地产、厂房及设备（初-末）	根据资产负债表中的数据得出（同期资产负债表中的地产、厂房及设备减去前期资产负债表中的地产、厂房及设备）						
投资活动现金流量净额							
融资活动现金流量							
- 支付给股东的股息	根据同一时期的损益表中的数据得出						
+ 长期负债（初-末）	根据资产负债表中的数据得出（同期资产负债表中的长期负债减去前期资产负债表中的长期负债）						
+ 支付给股东的现金股利（初-末）	根据资产负债表中的数据得出（同期资产负债表中的股东现金股利减去前期资产负债表中的股东现金股利）						
融资活动现金流量净额							
现金流量变动净额	经营活动、投资活动、融资活动的现金流量净额之和						
+ 期初现金余额	根据当前现金流量表的数据得出（即前期期末的现金流量）						
期末现金余额	根据当前现金流量表的数据得出（期初现金余额加上现金流量变动净额）						

现金流量表反映的是公司从某一时期期初到期末，现金流是如何随着经营活动变化而改变的。比如说，资产负债表中的第一项信息是现金，Q1 时的现金指的是第一季度末时公司预计拥有的现金余额，要想计算出 Q1 时的现金余额，我们需要以下信息：公司当前的现金余额（公司在第一季度初的现金余额），预计资产负债表中第一竖栏和第二竖栏的数据（公司的实际资产负债情况和公司在第一季度末的资产负债情况），以及公司在第一季度时的损益表。

编制预计财务报表——案例分析

如果创业者没有任何实际财务报表作为参照，且公司产品过于新颖找不到相应行业基准可以参考，那么对于创业者来说，绘制预计财务报表将是最具挑战性的一个任务。如果遇到这种情况民，我们可以通过本部分的案例分析来寻找思路，表 11.5、表 11.6 和表 11.7 的预计财务报表是根据一个实际销售额为 0 的公司绘制的。在这个案例中，我们假设创业者从个人储蓄中拿出 1 万美元用于创业，又从一个天使投资人那里获得了 50 万美元的投资。创业者花了 1.3 万美元用于研发产品模型，22 万用于购买产品生产设备，2 万美元用于采购原材料。现在，创业者欠着员工 3 000 美元的工资，还有大约 26 万美元的银行存款。

表 11.5 预计损益表 单位：美元

	实际	Q1	Q2	Q3	Q4	Y1	Y2	Y3
销售额		200 000	400 000	700 000	1 000 000	2 300 000	4 000 000	7 000 000
销货成本		120 000	240 000	420 000	600 000	1 380 000	2 400 000	4 200 000
总利润		80 000	160 000	280 000	400 000	920 000	1 600 000	2 800 000
销售费用、一般和管理费用、财务费用								
租金		10 000	10 000	10 000	20 000	50 000	80 000	120 000
水电费		4 000	4 000	4 000	8 000	20 000	32 000	48 000
保险费		2 000	2 000	2 000	4 000	10 000	16 000	24 000
工资		100 000	100 000	150 000	150 000	500 000	700 000	900 000
营销费用		50 000	80 000	100 000	140 000	370 000	500 000	800 000
其他费用		20 000	40 000	70 000	100 000	230 000	400 000	700 000
总计		186 000	236 000	336 000	422 000	1 180 000	1 728 000	2 592 000
税息折旧前利润		(106 000)	(76 000)	(56 000)	(22 000)	(260 000)	(128 000)	208 000
折旧费用		15 000	15 000	15 000	29 000	74 000	29 000	59 000
税息前利润		(121 000)	(91 000)	(71 000)	(51 000)	(334 000)	(157 000)	149 000
利息费用		-	-	-	-	-	-	150 000
税前利润		(121 000)	(91 000)	(71 000)	(51 000)	(334 000)	(157 000)	(1 000)
税费		-	-	-	-	-	-	-
净收益		(121 000)	(91 000)	(71 000)	(51 000)	(334 000)	(157 000)	(1 000)

表 11.6 预计资产负债表 单位：美元

	实际	Q1	Q2	Q3	Q4	Y1	Y2	Y3
流动资产								
现金	260 000	37 000	308 000	311 000	59 000	59 000	934 000	342 000
应收账款	-	134 000	268 000	469 000	670 000	670 000	1 165 000	2 039 000
存货	20 000	100 000	200 000	350 000	500 000	500 000	870 000	1 522 000
流动资产总计	280 000	271 000	776 000	1 130 000	1 229 000	1 229 000	2 969 000	3 902 000
厂房和设备	220 000	220 000	220 000	440 000	440 000	440 000	880 000	1 540 000
房产、厂房和设备	-	15 000	29 000	44 000	74 000	74 000	103 000	162 000
累计折旧	220 000	205 000	191 000	396 000	366 000	366 000	777 000	1 378 000
净固定资产	500 000	477 000	966 000	1 526 000	1 595 000	1 595 000	3 746 000	5 280 000

表11.6(续)

流动负债								
应付账款		80 000	161 000	281 000	402 000	402 000	699 000	1 223 000
应付工资	3 000	10 000	10 000	15 000	15 000	15 000	21 000	27 000
应付票据	–	10 000	10 000	15 000	15 000	15 000	20 000	25 000
流动负债总计	3 000	100 000	181 000	311 000	432 000	432 000	740 000	1 275 000
长期负债	–	–	–	–	–	–	1 000 000	2 000 000
负债总计	3 000	100 000	181 000	311 000	432 000	432 000	1 740 000	3 275 000
股东权益								
普通股权益	510 000	510 000	1 010 000	1 510 000	1 510 000	1 510 000	2 510 000	2 510 000
留存收益	(13 000)	(134 000)	(224 000)	(295 000)	(347 000)	(504 000)	(505 000)	
权益总计	497 000	376 000	786 000	1 215 000	1 163 000	1 163 000	2 006 000	2 005 000
负债权益总计	500 000	477 000	966 000	1 526 000	1 595 000	1 595 000	3 746 000	5 280 000

表 11.7　预计现金流量表　　单位：美元

	Q1	Q2	Q3	Q4	Y1	Y2	Y3
经营活动现金流量							
净收益	(121 000)	(91 000)	(71 000)	(51 000)	(334 000)	(157 000)	(1 000)
-应收账款（初-末）	134	134	201	201	670	495	874 000
-存货（初-末）	80 000	100 000	150 000	150 000	480 000	370 000	652 000
+应付账款（初-末）	80 000	80 000	121 000	121 000	402 000	297 000	524 000
+应付工资（初-末）	7 000	–	5 000	–	12 000	6 000	6 000
应付票据（初-末）	10 000	–	5 000	–	15 000	5 000	5 000
折旧费用	15 000	15 000	15 000	29 000	74 000	29 000	59 000
经营活动现金流量净额	(223 000)	(230 000)	(276 000)	(252 000)	(981 000)	(685 000)	(933 000)
投资流动现金流量							
-房产、厂房和设备(初-末)	–	–	(220 000)	–	(220 000)	(440 000)	(660 000)
投资活动现金流量净额	–	–	(220 000)	–	(220 000)	(440 000)	(660 000)
融资活动现金流量							
-支付给股东的股息	–	–	–	–	–	–	–
+长期负债（初-末）	–	–	–	–	–	1 000 000	1 000 000
+支付给股东的现金股利（初-末）	–	500 000	500 000	–	1 000 000	1 000 000	–
融资活动现金流量净额	–	500 000	500 000	–	1 000 000	2 000 000	1 000 000
现金流量变动净额	(223 000)	270 000	4 000	(252 000)	(201 000)	875 000	(593 000)
+期初现金余额	260 000	37 000	308 000	311 000	260 000	59 000	934 000
期末现金余额	37 000	308 000	311 000	59 000	59 000	934 000	342 000

第一，预计损益表中第一年年末（Y1）时的数据仅仅是第一季度（Q1）至第四季度（Q4）时的数据之和，预计资产负债表中第一年年末（Y1）时的数据等于第四季度（Q4）时的数据，而预计现金流量表中第一年年末（Y1）的值等于资产负债表中第一年年末（Y1）和实际发生额之间的差值。第二，在未来的三年时间里，公司的现金流量余额任何时间都不会低于0或者接近0。第三，任何时候，公司的资产总数都等于负债和股东权益总和。根据我们的估计，公司有望在第三年年末实现盈亏平衡。该公司可在第三年把亏损缩小至约1 000美元。

根据这些预计财务报表，潜在投资人可以判断出，不到六个月该公司可能就需要进行融资了。在这些财务报表中，创业者预计自己能在第一季度结束后通过股权融资获得100万美元的投资，这笔投资将在第二季度和第三季度分期注入公司，每次注入金额为50万美元。创业者还可预计，经过一年的营运，公司将在第二轮股权融资中获得200万美元的投资，这笔资金将在第二年和第三年分期注入公司，每次注入金额为100万美元。我们在前面提到过，投资人倾向于根据公司发展成果分期注入投资。因此，创业者基于分期投资绘制预计财务报表的做法非常明智。创业者预计，在第二年和第三年会为购买新设备筹集资金，公司会以贷款融资的方式分别在第二年和第三年获得40万美元的融资，也就是说，在这两年中，公司每年都会因贷款融资而创下40万美元的长期债务。创业者还预计，在公司实现盈亏平衡前，为满足公司发展的现金需要，公司将以可转换债券的形式每年额外融资60万美元。所以，在第二年和第三年，公司的长期负债（初–末）均为100万美元。

现在，我们来分析一下预计损益表（表11.5）中的信息。不难注意到，每个时期的销货成本都预计为销售额的6%。租金在未来的几年呈阶梯式增长，根据租金的增长趋势，我们可以看出，创业者预计公司会在第一季度和第三年不得不租用额外的办公场地来容纳更多的员工。水电费和保险费的增长比例预计和租赁设施费用的增长比例相同。创业者预计公司会分别在第三季度、第二年、第三年雇用新员工来满足销售额的增长需要。为了带来更多销量，基于营销计划，公司的营销费用预计每个时期都会有所增长。这里的营销费用包括销售人员的佣金和奖金等费用，而且这些费用往往是随销售额的增加而增加，因此营销费用增长率常常设定与销售额的增长率相同。其他费用也会以同样速率增长。对有的公司来说，研发费用可能会占据其他费用中的大部分。在这种情况下，公司应该在损益表中将研发费用单独设为一项，并将研发费用增长率设定为与销售额的增长率相同。对这种公司而言，研发工作是维持公司不断发展的重要影响因素，因此有必要在研发上投入大量资金。但在我们的案例中，研发费用很少，因此被归入其他费用中。计算折旧费用时，创业者假设公司投资的固定资产平均经济寿命为 15 年，因此预计折旧费用为前一时期总固定资产的 6.7%，如案例中第二季度的折旧费用预计为 1.5 万美元（第一季度总固定资产 22 万美元的 6.7%）。创业者预计的负债成本相对较高，为 15%，因此利息费用计算为期初长期负债的 15%。资产负债表反映的永远是公司在相关时期期末的信息。由于某一时期期初的数据等于前一时期期末的数据，所以我们可以用资产负债表中前一时期的数据来确定相关时期期初的数据。所有时期的预计税费都为 0，因为公司预计在这些时期都不会盈利。

接下来，我们来分析一下预计资产负债表（表 11.6）中的信息。创业者预计的应收账款周转天数为 60 天。第二季度的预计应收账款为 26.8 万美元，预计销售额为 40 万美元，预计应收账款大约占预计销售额的 67%。一个季度为 90 天，而应收账款周转天数为 60 天，所以在第二季度末，大约会有 67%（60/90×100%）的应收账款仍然没有收回。创业者还假定公司将会保持 75 天的平均存货周转天数，以满足顾客需求和预计销售额的增长需求。第二季度的存货量预计为 20 万美元，相当于第二季度中 75 天的销货成本（240 000×75/90＝200 000）。

创业者假定，在第三季度的某个时间点之前，公司现有的生产厂房和设备都足够满足预计生产需求和预计销售额的增长需求。到第三季度的某个时间点后，公司不得不采取措施将生产能力增加到目前的两倍，在第二年的某个时间点公司的生产能力将再次翻倍。到第三年时，房产、厂房和设备预计会和销售额以同样的速率增长。累计折旧的计算方式为前一时期的累计折旧加上预计损益表中这一时期的折旧费用。和应收账款一样，应付账款周转天数也预计为 60 天（应付工资的计算方法是预计在那个时期最后 9 天应付给员工的平均工资）。应付票据预计会随公司发展而稳步增长。根据公司在某一时期的预计收益和预计开支，我们可以算出公司的该时期的资本需求，从而得出预计长期负债和预计普通股权益。计算预计长期负债和预计普通股权益时的首要目标之一是，确保公司在任何时候都有足够的现金以避免出现清偿危机。某一时期的预计留存收益的计算方式为，前一时期的留存收益加上这一时期损益表中的净收益。前文已经提到过，一般来说，创业公司预计不会向股东支付股息。因此，所有的净收益都将计入留存收益中。但事实上，大多数时候，公司的净收益都为负值，所以，公司不会分红这一点是毫无疑问的。当亏损作为负的留存收益计入资产负债表的权益部分时，股东的权益会直接减少。

最后分析的是预计现金流量表（表 11.7）。预计现金流量表是根据预计损益表和预计资产负债表提供的信息绘制的。绘制预计现金流量表时，创业者不需要再做新的预测。但是，在计算预计资产负债表中第一年的负债时，需要注意第一年年初的数据不等于第四季度初的数据，而应该等于公司现在的数据，因为第一年年初对应的时间点是现在，而不是第四季度初。

现金预算

在绘制预计财务报表时，不一定必须做出现金预算，但准备月度现金预算往往能帮助创业者确定公司的近期现金需要并制订相应计划。现金预算预测的往往是公司在未来一年中的现金需求。如果有需要的话，创业者可以用现金预算中的信息来绘制预计资产负债表。表 11.8 是我们为上面案例中的公司做出的未来六个月的现金预算表。

表 11.8　现金预算表　　单位：美元

	实际		预计					
	十一月	十二月	一月	二月	三月	四月	五月	六月
当月销售额	–	–	40 000	65 000	95 000	75 000	152 000	173 000
收回销售额								
当月销售额收回 9%	–	–	4 000	6 000	9 000	7 000	14 000	16 000
上月销售额收回 18%	–	–	–	7 000	12 000	17 000	14 000	27 000
上月前销售额收回 73%			–	–	29 000	47 000	69 000	55 000
收回账款总计	–	–	4 000	13 000	49 000	71 000	97 000	98 000
销货采购费和存货采购费	–	–	34 000	79 000	87 000	46 000	101 000	193 000
当月费用付款 28%	–	–	10 000	22 000	34 000	13 000	28 000	54 000
上月费用付款 50%	–	–	–	17 000	40 000	44 000	23 000	51 000
上月前费用付款 22%			–	–	7 000	17 000	19 000	10 000
给供应商的付款总额	–	–	10 000	39 000	71 000	74 000	70 000	115 000
劳动费用								
租金			3 000	3 000	3 000	3 000	3 000	3 000
水电费			1 000	1 000	1 000	1 000	1 000	1 000

表11.8(续)

	实际		预计					
	十一月	十二月	一月	二月	三月	四月	五月	六月
保险费			1 000	1 000	1 000	1 000	1 000	1 000
工资			26 000	33 000	33 000	33 000	33 000	33 000
营销费用			12 000	17 000	21 000	24 000	26 000	30 000
其他费用			5 000	5 000	10 000	12 000	13 000	15 000
总计			48 000	60 000	69 000	74 000	77 000	83 000
净利息费用			0	0	0	0	0	0
固定资产采购费			–	–	–	–	–	–
付款总额			58 000	100 000	141 000	148 000	148 000	198 000
净现金流量			(55 000)	(87 000)	(92 000)	(77 000)	(52 000)	(101 000)
期初现金流量			260 000	215 000	128 000	36 000	459 000	407 000
短期贷款融资（偿还贷款）			10 000	–	–	–	–	–
长期贷款融资（偿还贷款）			–	–	–	–	–	–
股权融资			–	–	–	500 000	–	
期末现金余额		260 000	215 000	128 000	36 000	459 000	407 000	306 000

在上面的现金预算表中，如果将三个月的销售额和费用分别相加，得到的数据正好等于预计损益表（表 11.5）中当季的预计销售额和预计费用。三月末和六月末的现金余额分别等于第一季度末和第二季度末的现金余额。另外，三月末和六月末的应付账款、应收账款、应付工资则分别等于预计资产负债表中第一季度末和第二季度末的应付账款、应收账款和应付工资。现金预算一般都是从预计销售额收款开始。在这个例子中，我们假设当月可以收回 9%的销售额，这 9%往往都是以现金形式进行的销售。18%的销售额预计会在下个月收回，而剩下的销售额则预计会在下个月之后才会收回。比如说，公司在三月份的销售额预计达到 9.5 万美元，这 9.5 万美元中，8 550 美元预计能在三月份收回，1.71 万美元

预计能在四月份收回，而剩下的6.935万美元则预计会在五月份收回。同时，在三月份，公司预计能收回二月份的销售额1.17万美元和一月份的销售额2.92万美元。按照预计资产负债表，公司在三月末的应收账款（公司在第一季度末的应收账款）为13.4万美元。到三月末，所有由一月份和一月份前的销售额带来的应收账款都已经被收回。公司在二月份的销售额为6.5万美元，到三月末的时候，这6.5万美元中有1.755万美元（9%+18%=27%，6.5×27%=1.755）已经收回，剩下的4.745万美元则成为应收账款。公司在三月份的销售额为9.5万美元，这9.5万美元中只有8 550美元会在三月收回，剩下的8.645万美元会成为应收账款的一部分。所以，公司在三月末的应收账款为13.4万美元（4.745+8.645≈13.4）。

现在让我们把注意力转移到公司将要支付的款项上。公司需要付款购买生产已销产品和库存产品所需的商品和服务。在第一季度初，公司有价值2万美元的存货，但是没有应付账款。这意味着，公司付现购买了生产这些存货所需要的商品和服务，或者公司以短期贷款的方式支付账款，但是这笔短期贷款已在当月还清。公司一月份的销售额预计为4万美元，销货成本预计为2.4万美元。一月初的时候，公司出售的很可能是那批价值2万美元的存货，但随着存货的逐渐售出，公司需要生产更多的产品以满足客户当月的购买需求，并为下个月的预计销售额准备足够的存货量。为了保证公司在二月初拥有价值3万美元的存货，创业者假设公司需要花3.4万美元来购买生产所需的商品和服务。公司预计会在一月份支付这笔账款的28%，在二月份支付这笔账款的50%，二月份后支付剩下的22%。这部分的计算方式和前面销售额的计算方式一样。需要注意的是，虽然预计损益表中第一季度的销货成本只有12万美元，但现金预算中第一季度（一月份、二月份和三月份）的采购费用总计为20万美元，多出来的8万美元用在了采购生产存货所需的商品和服务上，所以公司的存货才会从第一季度初的 2 万美元增加到第一季度末的 10 万美元。在第一季度初，公司的应付工资为 3 000 美元，公司预计在一月份完成这笔支付，但在第一季度末，公司的应付工资反而增加到 1 万美元。由于员工工资不是按日结算，所以每个月末公司都会有一定的应付工资。公司在二月份会支付员工一月份的工资，但又会欠下员工二月份的工资。这就是公司在二月份和后面月份实际支付的工资保持不变的原因。

我们还需要注意到，公司在一月初的现金余额为 26 万美元，之后几个月公司的现金余额不断减少，在四月初，公司的现金余额减少至 3.6 万美元，但公司在四月份预计支付的账款比预计收回的账款要多 7.7 万美元，也就是说在现金余额只有 3.6 万美元的情况下，公司却还需要支付 7.7 万美元。创业者打算在四月份时依靠股权融资为公司注入资金 50 万美元，以避免出现清偿危机。在这个例子中，我们假设公司的现金余额不会为公司带来任何可观的收益。所有月份的净利息费用均为 0，这意味着，即使公司在有的月份中现金余额很高，但平均算下来，公司现金余额所带来的利息也仅够支付公司应付票据的利息费用。

信用额度

进行现金预算的目标之一是计算公司的短期现金需求。在这个例子中，公司以 3.6% 的利率获得了 1 万美元的短期贷款（表 11.8）。这笔 1 万美元的贷款就包括在公司的可用信贷额度里。公司都会根据预计自身流动性需求向银行申请一定的信贷额度。在选择信贷额度时，公司需要确保即使事件的发展偏离了原先的计划，公司的现金余额也不会为负值。通常情况下，为了更加保险一点，公司都会申请允许限度内的最高信贷额度。但是，如果申请的信贷额度过高，一部分可用信贷额度从未被公司用到过，那么公司也要为这部分信贷额度支付一定费用。高信贷额度会带来安全性，未使用的超额信贷会带来利息费用，因此，公司必须在这两者之间权衡，进而选择合适的信贷额度。

为便于理解，我们来看一个例子。假如一家公司预计在四月份会出现 5 万美元的现金短缺，短缺时间会非常短暂，因此公司决定使用信贷额度来满足这一现金需求。尽管预计只会出现 5 万美元的现金短缺，但考虑到可能出现坏账、账款收回延迟、额外支出等情况，公司还是选择申请 10 万美元的信贷额度。假设银行对已使用信贷额度收取 6%的利息，未使用信贷额度收取 1.5%的利息。如果由于短期现金需求，公司在四月份向银行贷款了 7 万美元，那么公司需要为这 7 万美元支付 350 美元（70 000×6%/12）的利息，同时，为未使用的 3 万美元信贷额度支付 37.5 美元（30 000×1.5%/12）的利息。

债务契约

为提高债务人按时足额偿还债务的概率，债权人通常会在贷款协议中设立几个条件，这些条件被视为契约。对创业者来说，充分了解基本契约非常重要，如果不注意债权人设立的条件，公司很可能会发生技术性违约。而技术性违约一旦发生，银行可能会将贷款转移到特定部门，从而增加这笔贷款的利率；银行也可能会要求公司立即偿还贷款，从而给公司带来清偿危机，致使公司破产倒闭。

财务契约是最广泛使用的契约。财务契约是针对财务报表上的特定项目而设立的。一般来说，财务契约会将公司负债限制在一个特定的水平，为公司股权水平设立最低限度，限制公司的债务资本比率，要求公司维持特定的流动性（流动性通常以流动比率衡量），或者要求公司维持一定的利息偿付比率。有些契约稍为笼统一些，会对公司提出一些基本要求，如保持良好的财务记录、定期提供财务报表、遵守法律法规、对抵押物进行维护等。有些契约则更具侵入性，对公司的营运起监管作用，可能会要求公司在做出类似于资本支出的营运决策前必须获得银行的批准。这类契约可能会阻止公司做出战略收购决策和投资决策，同时可能会限制公司出售资产（即使资产已经无法投入使用）的权力。一些更常见的契约会限制公司支付股息，提前偿还次级债务，借入新的债务，以及签订类似债务的合同（如租赁合同）等。有的契约会要求公司在做出任何结构调整或者人事调整之前都要获得银行批准。

银行设立契约背后的动机是为了保证自己对借款人有足够的控制权，这样借款人：①不会做出价格过高的或者非核心的投资和收购，从而浪费银行提供的贷款；②不会因为支付次级债务和股息而缺少足够的现金向银行支付利息和本金；③不会再向新的债权人借款，从而出现多位债权人竞相争夺公司现金流的局面；④始终保持足够的现金流量以按时支付利息和本金。和银行签订贷款协议时，为了获得贷款，公司可能会答应银行提出的任意条款。而银行设立的条款可能是五花八门的，所以我们无法提供一份详尽的契约清单，但了解常见契约背后的动机可以帮助创业者更好地管理公司。

可转换债券

为创业公司提供贷款时，债权人承担了极大的风险。一般来说，相比现有公司，创业公司倒闭的可能性更大。创业公司的债权人这一身份其实一点都不让人羡慕。如果创业公司经营不善，债权人可能会失去所有投资；但如果创业公司取得成功，债权人也最多只会得到自己的投资本金和利息，而不会从公司收益中分得一杯羹。所以，提供贷款时，债权人往往会向创业公司收取非常高的利率，以补偿自己为这笔投资承担的高风险。而创业公司由于缺乏资金，不得不接受这种高利率。但是，这种高利率会给公司带来难以承受的财务压力，还可能会导致公司失败。在这种情况下，公司可以通过发行可转换债券的方式来筹集资金。如果愿意，可转换债券的购买人可以在将来的某个时间将持有的债券转换成债券发行公司的股票，从而成为该公司的股东。如果公司将来获得成功，债权人可以选择成为公司股东获得分红；如果公司发展不好最终破产，公司资产将首先用来偿还负债，债权人可以优先于股东之前拿回自己的投资。可转换债券降低了债权人的整体风险，而且可以让高风险创业公司筹集到所需资金，因此被广泛应用于创业筹资中。

优先债务、次级债务和创始人股份

我们经常能看到创业公司倒闭或者申请破产。倒闭或者破产后，创业公司的资产首先会被用来偿还债权人的借款。但是，公司的资产往往不够付清公司的负债和其他应付账款，如应付工资、水电费、应付给供应商的账款，更不用说偿还股东们的投资了，很少有股东能在公司倒闭或破产后收回自己的投资。至于哪一类债权人应该最先获得偿还，哪一类债权人应该稍后获得偿还，破产法律都有明确规定。显然，所有债权人都希望自己能排在其他人之前获得偿还，因为偿还排序越靠后，获得偿还的可能性越小，可能获得的偿还金额也越少。因此，债权人一般都选择提供优先债务，这样他们就能在公司破产清算时优先获得偿还。选择提供次级债务的债权人往往会收取更高的利息，因为他们承担的风险更高，更可能不会获得偿还。优先债务和次级债务的主要区别就在于偿还债务的先后顺序。

同样，在股权方面也分优先股股东和普通股股东。优先股股东在利润分红及剩余财产分配的权利方面优先于普通股股东。公司发行股票时，也可能会规定优先股股东在其他一些事项上同样享有优先权利。一般来说，优先股股东尽管不像普通股股东一样拥有投票权，但优先股股东可以被授予特殊投票权。创业公司的风险投资人和其他投资人往往会要求公司赋予优先股股东特殊投票权。有的公司将股份分为不同的等级，等级较高的股份持有人享有优先投票权。这一机制允许部分持股不多的股东拥有较大的投票权。比如说，仅持有公司5%股份的股东，将只获得5%的股息，但可能拥有50%甚至更高的投票权。创业公司的创始人（如Facebook公司的扎克伯格）如果非常看重自己对公司营运的控制权，可以保留自己的创始人股份，从而拥有很高的投票权。

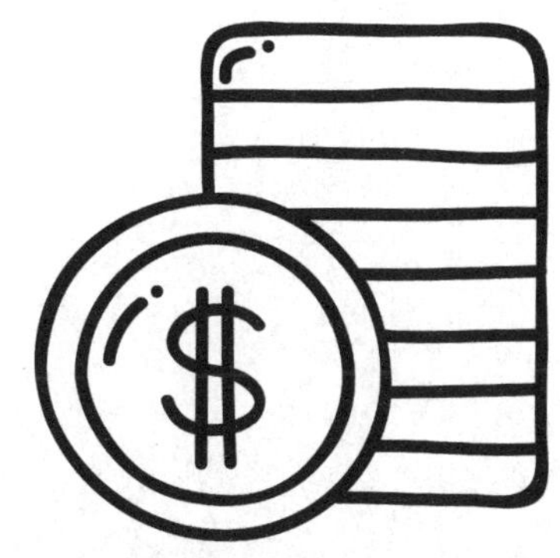

附录　专有名词

摊销贷款：一般来说，当我们借钱时，我们希望定期支付利息，然后还本金。在摊销贷款中，借款人不仅要支付利息，还要定期支付本金的一部分。这种贷款最常见于住房抵押贷款。当我们借钱买房子的时候，我们通常每年都要付固定数额的钱。每个月支付的一部分用于偿还每月利息，其余部分用于偿还本金。随着时间的流逝，本金逐渐减少，每月固定支付中偿还贷款的比例会越来越大，直到贷款全部还清。

所需价格：一个资产的卖方要求的价格被称为所需价格。当你尝试卖掉你的房子时，你可以把这看成是上市价格。在当前的市场环境下，你通常会要求比买家通常支付的价格稍高的价格。所以所需价格一般略高于投标价格。

拍卖市场：拍卖市场是一个集中式市场，买方和卖方同时进入竞价，并由交易所为双方进行配对。证券交易的价格代表买方最高出价和卖方最低出价。纽约证券交易所是拍卖市场的形式之一。

投标价格：买方提供的资产价格称为投标价格。投标价格一般情况下会低于所需价格。在谈判过程中，如果卖方要求 40 美元出售某物，你会拒绝要约，比如说，这时你会出 39 美元购买。在这种情况下，39 美元就是你的出价。

投标价差：投标报价与被问价之间的差额称为投标价差。你应该注意到，一般来说，如果某只股票在几纳秒前刚刚以 40 美元的价格卖出，那么没有买家愿意出价高于 40 美元，也没有卖家愿意以低于 40 美元的价格卖出股票。因此，最低出价与最高出价之间总是存在差距。对于高流动性的证券，买卖价差在证券价格中所占的百分比通常很小，而对于非流动资产，投标价差则很高。

债券契约：债券契约包含与债券相关的所有条款和条件的法律文件。债券契约具体包含有关发行债券的总额、年资、偿还条件、赎回条款、抵押品、契约以及与债务发行有关的任何其他信息的信息。

债务评级：就像学生在课堂上的表现各有优劣一样，评级机构如标准普尔给公司发行的不同类型的债务评级，如 AAA、AA、A、BBB、BB、B、CCC、CC、C 和 D 的评级。评级是根据发行公司可能无法按时偿还本金和利息的概率而评定的。

违约风险：某种不能履行其义务的行为被称为违约风险。一般来说，“义务”这个词是指及时支付贷款，但“义务”这个词也可以指任何人已经同意做的事情。即使公司无意中违反合同的任何条款，公司也可能处于技术违约状态。

贴现贷款：在贴现贷款中，当贷款金额支付时，贷款人在贷款开始时向你收取整个时期的利息。借款人在最后支付全部贷款金额。例如，如果你以 10%的利息借 400 美元一年，放款人会给你 360 美元，而不是 400 美元［400-(10%×400)］，你则在年末付 400 美元。即使利率只有 10%，你的有效成本比率最终还是 11.11%［40/360］，因为你在一年内花 40 美元买了 360 美元。

零息债券：不支付息票的债券被称为零息债券。它们是贴现贷款的一种形式。

预期收益：预期收益指投资者根据其投资的特点和相关的预期现金流量而预期获得的回报。除非投资的预期回报率不低于投资者对类似风险的资产的要求回报率，否则投资者不会购买该投资，并且价格必须进行调整，以便预期回报率等于要求回报率。然而，预期收益并不意味着投资者实际上会获得这样的回报。投资者的实际收入将取决于在投资时无法确定的未来事件。

浮动利率债券：与每六个月支付固定票面利率的常规票面利率债券不同，浮动利率债券的票面利率每一时期都根据一定的参考利率进行调整。该参考利率反映了当前市场中的利率环境。浮动利率债券的利率风险较低，因为债券的买家在利率上升时不会遭受巨大的损失。

公认财务原则：公认财务原则是由财务准则委员会（FASB）制定的一套财务规则。美国公司必须遵守这些规定。

国际财务报告准则：美国遵循公认财务原则，与美国不同，世界其他地区遵循一套被称为国际财务报告准则的财务准则，通常称为《国际财务报告准则》。

纯利息贷款：若借款人只需要定期支付贷款的利息，并且本金在贷款到期时一次性到期，那么这种贷款被称为纯利息贷款。

名义回报率：不考虑通货膨胀或货币购买力的情况下，用相关货币衡量某物的回报率称为名义回报率。例如，如果你投资一只股票 100 美元，一年赚 10 美元，你的名义回报率是 10%（10/100）。这个计算忽略了通货膨胀，即你在一年期后得到的 110 美元（10+100）比一年前的 110 美元购买力低。

实际回报率：当你在一项资产上投资 100 美元，一年后能够以 110 美元出售该资产时，你的名义回报率是 10%。然而，考虑到 100 美元一年前能买 100 个汉堡，一年后 110 美元只能买 105 个汉堡，那么现在你意识到其实你的回报实际只增长了 5%。这个扣除了通货膨胀的回报率称为实际回报率。

现实收益：根据你最初投资的金额、你继续持有投资时所获得的现金流量，以及出售投资时所获得的最终现金流量，你在投资中实际赚取的回报。这种回报在你投资的时候是不可能知道的。它只能在事实之后才知道。

要求回报率：由于投资存在各种风险，要求回报率是能说服投资者进行投资的最低回报率。如果投资者的投资无法取得要求回报率，他将不会进行投资，除非投资金额下降且回报率能达到要求回报率。

风险规避：人们规避风险的行为被称为风险规避。如果有两个选项，选项 A 你可以有 80%的可能性赚到 100 美元，但有 20%的可能性会损失 100 美元，选项 B 则 100%赚到 20 美元，那么人们倾向于选择 B。这是由于人们往往厌恶风险，不愿意承担任何的不确定性结果。一方面，在投资上，如果预期有很好的收益人们愿意投资，反之如果有亏损的可能性，人们通常会不进行投资。另一方面，在保护已有财产上，为了规避风险，人们也愿意付出一些成本，以避免今后出现负面结果。例如，人们选择支付 4 000 美元来确保他们的房屋价值 20 0000 美元。当他们支付 4 000 美元的保险费时，表示他们接受这笔负现金流，哪怕这一年他们的房屋也许不可能遭受损毁。然而，仅仅是这种可能性的存在就足以让厌恶风险的人愿意每年支付这 4 000 美元。

偿债基金：当公司接受贷款时，它总是有可能无法在到期日偿还债务。这可能是因为公司没有足够的资产，但更有可能是因为公司没有足够的流动性。一家公司贷款 1 亿美元建造一幢大楼，这笔钱被这座大楼捆绑了。十年后，贷款到期。当投资者要求完全偿还他们的贷款时，公司很难拿出这么大一笔钱。公司不想卖掉这栋大楼，而且很显然，即使它在十年间赚了足够的钱来偿还贷款，也不会在支票账户上存这么多钱。公司将尝试续借贷款。投资者知道这一点。因此，为了避免这种情况，投资者可能要求公司定期在偿债基金中拨出一定数额的资金。然后，这笔资金将定期用于偿还部分贷款。贷款协议中要求公司采取这种行动的条款称为偿债基金条款。

留存收益表：留存收益表是收入表、资产负债表和现金流量表并列的四项财务报表之一。它显示了期初的留存收益（从上一期的资产负债表中得出），加上本期的净收益，并减去本期支付的股息，从而得出本期的留存收益，然后报告在资产负债表上。例如，如果一个公司本季度的净收入是 200 000 美元，它支付了 120 000 美元的股息，那么这个时期的留存收益加上的将是 80 000 美元（200 000−120 000）。如果上一季度资产负债表上的留存收益是 230 000 美元，那么本季度的留存收益将是 238 000 美元。请记住，资产负债表中提供的是期限结束时的信息。

利率期限结构：如果你在银行定期存款 1 000 美元，比如 90 天，如果合适的利率是 APR 的 1%，你可以得到 2.50 美元。但是，如果你在 1 年内存款相同的话，你可以得到 20 美元。当你把钱存较长一段时间，你会得到更多的利息，这并不奇怪，但有趣的是，你不仅得到更多的利息，而且得到更高的利率。把钱存一年后，即 90 天的大约 4 倍，你会得到 4 倍的利息，但是在上面的例子中，你会得到 8 倍的利息。这是因为利率对于不同的到期条件通常是不同的。在这种情况下，90 天为 1%，1 年为 2%，3 年可能为 2.75%。利率和不同期限条件之间的这种关系称为利率期限结构。

国库券：当政府在短期内借钱时，它可以发行一种称为国库券的证券。国库券也称为短期国库券，期限为 90 天至 1 年。当政府发行这些证券时，投资者通常会以低于面值的价格买入它们。即使票据没有支付利息，投资者支付的价格与到期日的证券赎回价值之间的差额实际上是投资者赚取的利息。国库券是贴现贷款的一个例子。

国债：美国联邦政府发行的债券，期限为 10 年或更长，称为国债。他们被认为是无风险的。

赎回收益率：当债券是可赎回的，并且当前利率低于债券的票面利率时，债券发行人是很有可能赎回债券到期收益率，以便在市场利率较低时仍能借款。在这种情况下，到期收益率变得不相关，因为债券持有人不能真正持有债券到期。赎回收益率才是投资者在可赎回债券上获得的回报，假设债券在最早有资格被赎回的日期被赎回，并且以契约规定的溢价被赎回。

后记

财务金融理论是创业者和企业家进行企业管理的重要工具之一。结合高校教学工作中指导学生开展创新、创业工作实际遇到的问题，我与马斯卡拉教授深入研究后，决定合作出版本书。

潘卡基·马斯卡拉教授结合教学经验和投资经历编撰本书，由浅入深，将基本概念与典型案例结合，无论读者是否学习过财务金融理论知识，都可以有所收获。本书为缺乏财务金融基础的读者打开了一扇知识大门，用通俗易懂的方式答疑解惑。

本书从筹划、汇编到成册历时近两年时间，经数次修改完善，最终定稿。感谢大连海事大学孙天军教授、大连理工大学许莉薇博士在本书编写过程中提供的帮助。

对于各位同仁对本书出版提供的支持以及付出的辛勤劳动，我在此一并表示感谢。

魏　一

2020 年 1 月